Ray Grigg
Das Tao des Seins
Ein Arbeitsbuch zum Denken und Handeln

Ray Grigg

Das Tao des Seins

Ein Arbeitsbuch zum Denken und Handeln

Aus dem Amerikanischen von Theo Kierdorf
in Zusammenarbeit mit Hildegard Höhr

Junfermann Verlag • Paderborn
1996

© der deutschen Ausgabe: Junfermannsche Verlagsbuchhandlung, Paderborn 1996
Copyright © 1989 by Humanics Limited, Atlanta, Georgia, U.S.A.
Originaltitel: *The Tao of Being – A Think and Do Workbook*
Übersetzung aus dem Amerikanischen: Theo Kierdorf in Zusammenarbeit mit Hildegard Höhr

Illustrationen: William Gaetz

Satz: SpaceType, Köln

Alle Rechte vorbehalten.
Das Werk einschließlich aller seiner Teile ist urheberrechtlich geschützt. Jede Verwendung außerhalb der engen Grenzen des Urheberrechtsgesetzes ist ohne Zustimmung des Verlages unzulässig und strafbar. Das gilt insbesondere für Vervielfältigung, Übersetzungen, Mikroverfilmungen und die Einspeicherung und Verarbeitung in elektronischen Systemen.

Die Deutsche Bibliothek – CIP-Einheitsaufnahme
Grigg, Ray:
Das Tao des Seins: Ein Arbeitsbuch zum Denken und Handeln / Ray Grigg. Aus dem Amerikanischen von Theo Kierdorf in Zus.arbeit mit Hildegard Höhr. – Paderborn: Junfermann 1996.

NE: GT

ISBN 0-89334-318-8

Inhalt

Danksagung — 8
Einleitung — 9
Einige chinesische Wörter und Konzepte — 22

1. Erstes Wissen — 31
2. Extreme vermeiden — 33
3. Innerer Friede und äußere Harmonie — 35
4. Immer gegenwärtig — 37
5. Tiefes Denken — 39
6. Weibliche Weisheit — 41
7. Antworten auflösen — 43
8. Abwärtsfließen — 45
9. Friedvolles Verweilen — 47
10. Tiefste Tugend — 49
11. Benutzen, was nicht ist — 51
12. Innere Tiefe — 53
13. Ungewißheit — 55
14. Mit gefülltem Geist leer — 57
15. Sei die verborgene Quelle — 59
16. Das Unveränderliche im Wandel — 61
17. Nichts wird getan — 63
18. Ursprüngliche Tugend — 65
19. Zwischen den Gegensätzen — 67
20. Die Heuchelei der Gewißheit — 69
21. Nenne es das Tao — 71
22. Weich werden, um zu wissen — 73
23. Innere Stille — 75
24. In vollkommenem Gleichgewicht fallen — 77

25. Der Weg von allem	79
26. Leer und wachsam	81
27. Unbemerkt bleiben	83
28. Der leichte Weg abwärts	85
29. Das Herz des Tuns	87
30. Verstehen durch Folgen	89
31. Ein scharfer Geist	91
32. Abwärts denken	93
33. Wenn du denkst, denke für alles	95
34. Großes Tun	97
35. Ehre Nichts und Alles	99
36. Ein verheißungsvoller Anfang	101
37. Das Wesen der Dinge	103
38. Vor den Unterschieden	105
39. Die Demut des Staunens	107
40. Selbstlos die Welt denken	109
41. In das Lachen des Narren eintreten	111
42. Das Denken von allem	113
43. Sanftes Denken... sanftes Handeln	115
44. Leichtigkeit und Spiel	117
45. Wissender, Wissen und Unbekanntes	119
46. Der natürliche Lauf der Dinge	121
47. Der Anfang im Inneren	123
48. Von Fragen leer	125
49. Der Weise	127
50. Tod lehrt	129
51. Erstes Zugehören	131
52. Leichte Harmonie	133
53. Die einfache Quelle	135
54. In der Welt sein	137
55. Die Beständigkeit im Denken	139
56. Öffne dich sanft dem Wesen der Dinge	141

57. Großes Lernen 143
58. Einfache Größe 145
59. Allmfassende Fürsorge, allumfassendes Zulassen 147
60. Tief in Fülle und Leere 149
61. Leer in das Verstehen eintreten 151
62. Grenzenlose Beschränkung 153
63. Das Einfache ist nicht leicht 155
64. Vor dem Denken 157
65. Leicht atmen 159
66. Über den hundert Flüssen 161
67. Drei Schätze 163
68. Das Suchen in allen Menschen 165
69. Ein Geheimnis in einem Geheimnis 167
70. Mit weit geöffnetem Geist 169
71. Krummes Denken 171
72. Wenn das Denken entdacht ist 173
73. Durch Nicht-Tun 175
74. Der Narr lehrt den Weisen, ohne es zu wissen 177
75. Nur eine Frage 179
76. Das Staunen des Anfangs 181
77. Die Leere füllen, und das Volle leeren 183
78. Allen Gedanken am nächsten 185
79. Die besten Meister 187
80. Ursprüngliche Einfachheit 189
81. Nichts besonderes 191

Literatur 192

Danksagung

Folgenden Autoren, deren Schriften ich als Quellen benutzt habe, schulde ich besonderen Dank: Gia-Fu Feng und Jane English (Lao-tse: *Tao Te King* und Chuang-tse: *Inner Chapters*), R.L. Wing (*The Tao of Power*), Arthur Waley (*The Way and Its Power*), Lin Yutang (*The Wisdom of Lao-tse*), Dr. John C.H. Wu (Lao-tse: *Tao Te King*), Alan Watts in Zusammenarbeit mit Chung-liang Al Huang (*Der Lauf des Wassers*), Thomas Merton (*The Way of Chuang-tse*), Holmes Welch (*Taoism: The Parting of the Way*), Benjamin Hoff (*Das Tao Te Puh*).

Ich widme dieses Buch meinen Eltern.

Einleitung

Das Tao des Seins – Ein Arbeitsbuch zum Denken und Handeln ist für jeden geeignet, der weiß, daß er nicht weiß. Es ist ein Arbeitsbuch, das man niemals endgültig abschließen kann. Anders als jene Arbeitsbücher, die man in den ersten Schuljahren bekommt, enthält dieses Buch Fragen, die sich nicht beantworten lassen, und Antworten, die man nicht geben kann.

Inspiriert wurde es von Lao-tses *Tao Te King*, einem klassischen Werk, das um das sechste Jahrhundert v. Chr. in China entstanden ist. Ich habe verschiedene Übersetzungen dieses Buches herangezogen, um ein möglichst großes Spektrum von Interpretationen zu berücksichtigen, wobei ich allerdings darauf geachtet habe, ein Maximum an kreativer Freiheit entwickeln zu können. Die Zahl der Kapitel, 81, entspricht der Zahl der Kapitel des *Tao Te King*, um eine gewisse formale Ähnlichkeit beizubehalten. Doch ist *Das Tao des Seins* keine Übersetzung des *Tao Te King*, sondern eine Anwendung des Geistes, den jenes klassische Werk atmet, auf das Denken und Handeln.

Das vorliegende Arbeitsbuch wird dem Leser im ehrfürchtigen Bewußtsein der Meisterschaft Lao-tses unterbreitet. Das ursprüngliche *Tao Te King* ist, wie alle Übersetzungen dieses Werks bezeugen, eine unglaublich inhaltsreiche und feinsinnige Kreation, die sich bis heute jeder definitiven Interpretation entzieht. Kennzeichnend für ein solches Meisterwerk ist, daß sein Einfluß im Laufe der Zeit immer weitere Kreise zieht. Seit 2.500 Jahren beeinflußt das *Tao Te King* die Künste und die Philosophie und dient außerdem Unzähligen als Orientierungshilfe in den Kämpfen des täglichen Lebens. Dennoch entzieht es sich weiterhin den Einschränkungen einer definitiven Interpretation.

Das Rätselhafte des *Tao Te King* beruht letztlich auf Lao-tses Erkenntnis, daß wir dem Leben einen Sinn geben, indem wir uns unmittelbar ins Leben hineinbegeben, nicht indem wir versuchen, es als unabhängige Beobachter zu verstehen. Wir können uns selbst nicht entfliehen. Eine Metapher des Zen lautet: »Das Schwert kann sich nicht selbst schneiden.« Ebensowenig können wir den Sinn des Lebens durch einen Schleier intellektueller Konstrukte begreifen. Leben ist größer und schwerer faßbar als die Systeme, die wir erfinden, um es zu erklären. Deshalb können wir uns selbst und das Universum, in dem wir leben, nie vollständig verstehen. Das Tao ist die Freiheit, die mit dem Nicht-Verstehen verbunden ist.

Ziel dieses Arbeitsbuches ist es, uns in diese Freiheit zu befördern, indem es uns von den Einschränkungen frei macht, die Denken und Tun im Sinne des Tao verhindern. Schließlich *sind* wir alle jene Freiheit. Wir können das Tao nicht verstehen, weil wir das Tao *sind*. Das gleiche Prinzip ist später zu einem wesentlichen Teil von Zen geworden.

Zwischen Taoismus und Zen besteht eine sehr enge und wichtige entwicklungsgeschichtliche Verbindung. Obgleich der Stil, in dem dieses Arbeitsbuch geschrieben ist, sich in erster Linie am Taoismus orientiert, lassen sich diese beiden »Wege« gut miteinander verbinden. Genau dies geschah im *Ch'an*, jener frühen, in China enstandenen Form des Zen.

Obgleich Zen heute mit Japan und dem Buddhismus assoziiert wird, hat er in seiner Entstehungszeit als *Ch'an* in China drei wesentliche Bestandteile des Taoismus einbezogen: die intuitive, nonverbale und antidogmatische Qualität; die für die Taoisten charakteristische tiefe Ehrerbietung vor der Natur als Lehrer und als der ursprüngliche Prozeß, der hilft, die Dinge zu verstehen; und schließlich das Prinzip des Nicht-Tuns *(Wu-wei)* oder des Tuns ohne zu tun *(wei-wu-wei)*, das Chuang-tse beschrieben hat.

Als der *Ch'an*-Buddhismus Ende des zwölften Jahrhunderts nach Japan gelangte, war er mit wichtigen Prinzipien des Taoismus durchsetzt. Um in Japan zu Zen zu werden, verband sich *Ch'an* mit der dort heimischen *Shinto*-Tradition. Von dieser übernahm *Zen* eine besondere Beziehung zur Natur, ein Bewußtsein für den Geist in allen Wesen und Dingen *(kami)*, und die Würdigung direkten sinnlichen Kontakts zur Natur. *Shinto* stärkte außerdem im *Zen* den Einfluß von Lao-tses Ermahnung, daß unsere Art zu denken und zu handeln nicht auf Konzepte und Worte beschränkt bleiben sollte.

Wir sollten Denken und Handeln nicht als das sequentielle Bewußtwerden einer linearen Folge von Ereignissen begreifen, so wie die Form gesprochenen und geschriebenen sprachlichen Ausdrucks es nahelegt, sondern als multidimensionale Erfahrung, also nicht als Schreiben über Äpfel, sondern als Spaziergang im Obstgarten, in dessen Verlauf man Äpfel ißt.

Jeder, der nachdenklich mit Sprache umgeht, wird erkennen, daß Worte kein Ersatz für Erfahrung sein können, sondern daß sie lediglich Repräsentationen sind. Sprache kann Erfahrung nicht ersetzen, auch wenn sie ersetzen mag, was für Erfahrung gehalten wird – was etwas völlig anderes ist. Worte schaffen immer Mittelbarkeit. Deshalb ist der Sinn dieses Arbeitsbuches, den Leser von Worten zu leeren, statt ihn damit zu füllen, ihn aus der scheinbaren Klarheit der Gewißheit in tiefe Ungewißheit und Empfänglichkeit zu versetzen. Wir nähern uns dem Tao, indem wir die Konzepte, die die Sprache uns auferlegt, auflösen, indem wir uns in Richtung direkter Erfahrung bewegen, indem wir den Witz begreifen, statt die Erklärung des Witzes zu verstehen. Erklärungen sind nie komisch, es sei denn, sie werden schließlich selbst zum Witz.

Wenn man Lao-tse liest, wird einem allmählich klar, daß sein eigentliches Thema zwischen den Worten liegt, in den Leerräumen, die einen Gedanken vom anderen trennen. Einige Passagen des *Tao Te King* verfolgen einen bestimmten Gedanken und ergeben einen logischen Sinn, doch oft entstehen durch die Zusammenstellung und die Beziehung solcher in sich plausibler Gedankenzüge zueinander Sprünge, die sich jedem Erklärungsversuch widersetzen. Scheinbar simple Ideen spiegeln, so wie sie nebeneinander erscheinen, jene Widersprüche, die ein fester Bestandteil allen Lebens sind. Paradoxe sind natürliche Phänomene. Lao-tse erklärt weniger die immanenten Gesetzmäßigkeiten allen Geschehens, sondern er versucht uns einen Eindruck vom Wesen der Dinge zu vermitteln, indem er unsere Verstehensgewohnheiten erschüttert und uns der intellektuellen Konstrukte beraubt, die uns hindern zu sehen, wie die Dinge sind.

Die chinesischen Ideogramme *Tao*, *Te* und *King* bedeuten wörtlich: »die Art, wie das Universum funktioniert«, »Tugend/Macht« und »klassisch/Buch«. Das gesamte *Tao Te King* ist im Telegrammstil geschrieben, und die Übertragung des Inhalts in eine westliche Sprache sowie dessen Interpretation werfen gewaltige Probleme auf. Diese Schwierigkeit bezieht sich auf die Gesamtheit der annähernd 5.000 Ideogramme, aus denen das *Tao Te King* besteht. Deshalb weichen Übersetzungen dieses Werks teilweise erheblich voneinander ab. In meinem vorliegenden Buch *Das Tao des Seins*, das vom *Tao Te King* inspiriert ist, habe ich den Telegrammstil des Originals bewußt kopiert, so daß der Leser fehlende Verbindungen selbst herstellen muß. Wer sich die Denkweise, die dieses Arbeitsbuch zu fördern versucht, aneignen will, muß lernen, solche Gedankensprünge zu bewältigen.

Die 81 Kapitel des vorliegenden Buches sind lediglich deshalb numeriert und mit Überschriften versehen worden, damit der Leser bestimmte Textstellen leichter wiederfinden kann. Sie beinhalten jedoch keine bestimmte Ordnung. Innerhalb der einzelnen Kapitel verläuft der Gedankenfluß nicht immer auf lineare Weise. Außerdem habe ich auch Lao-tses Schreibstil nachempfunden, um der speziellen Wirkung dieser Art zu denken nahezubleiben. Oft stehen aufeinanderfolgende Gedanken scheinbar in keinerlei Beziehung zueinander, ähnlich den Sprachbildern eines japanischen *Haiku*. In vielen Fällen liegt die Bedeutung eines Kapitels nicht in den Gedanken selbst, sondern in den verbindenden Zwischenräumen zwischen ihnen. Wichtiger als die einzelnen Gedanken sind in diesem Arbeitsbuch Gedankenverbindungen.

In der Magie des geschriebenen Wortes, im »Sprechen mit den Augen« ist der Leser selbst der entscheidende kreative Faktor, der die Worte und Gedanken auf den Seiten des Buches zum Leben erweckt und sie miteinander verbindet. Ohne seine aktive Mitwirkung bleibt das geschriebene Wort leer und sinnlos.

Zwischen jedem Wort und jedem Gedanken trifft der Leser auf einen Raum und auf eine Leere, die er überbrücken muß. Diese Räume sind sowohl vorhanden als auch nicht vorhanden. Sie sind der exklusive Privatbereich des Lesers, den er allein mit seinem Denken füllen kann. Diesen Leerraum zwischen den Gedanken überbrückt der Leser durch seine Einsichten. Die verbindenden Sprünge sind die Dynamik des Verstehens, nicht das Verstehen selbst. Das Springen ist eine Nicht-heit, die das Gewahrsein vertieft und die Verbindungen schafft, ohne das Verstehen einzuschränken. Was als voneinander getrennt definiert war, kommt zusammen, wird jedoch nicht unlösbar miteinander verbunden. Man könnte von einer »Rückkehr zum Anfang« sprechen.

Das Springen verbindet die scheinbaren Teile des Denkens; es überwindet die trügerische Eigenständigkeit der Dinge und kreiert so ein Ganzes. Es wird also ganzheitlich auf die Dinge geantwortet, nicht individuell. Dadurch entsteht eine Sensibilität für Anleitung und Sinn, die im Endergebnis zum Gewahrsein des Mystikers führt. Alle Erfahrung, alles Lernen, alles Denken, alles Tun strebt diesem Gewahrsein zu. Zusammenfügen ist im Sezieren implizit enthalten. Man kann das Universum nur erreichen, indem man das Multi-versum wieder vereinigt.

Im Taoismus findet dieses Verbinden durch einen Prozeß gleichzeitigen Leerens und Füllens statt. Lernen ist Füllen und das Erzeugen von Teilen. Verlernen ist Leeren und das Entfernen von Hindernissen, die jene Teile daran hindern, sich zu vereinen. Teile und Ganzes vereinen sich zu einem mystischen Sinn, so wie die polaren Gegensätze Yin und Yang sich zu einem dynamischen Gleichgewicht verbinden, welches das Tao ausmacht. Das Ergebnis ist nicht Allwissenheit oder Allmacht, sondern ein intuitives Gefühl dafür, wie man sich harmonisch in der Welt bewegt.

In China scheint man wenig Interesse an mystischen Einsichten gehabt zu haben, die sich nicht auf die physische Welt der Menschen und Dinge anwenden lassen. Die Einsichten, die in der ursprünglichen taoistischen Literatur des Lao-tse und Chuang-tsu ausgedrückt werden, erscheinen nicht als eine besondere Sichtweise, losgelöst und äußerlich, sondern als eine besondere Art des Verhaltens, also als etwas Inneres. Der Weise versteht nicht, sondern er tut; er tut, ohne zu verstehen. Sich mit dem Tao zu bewegen ist das Entscheidende, es zu verstehen unmöglich. Die Bewegung mit dem Tao soll alles, was innerhalb und außerhalb von uns ist, in einen Zustand dynamischen Gleichgewichts versetzen. So wird ein Prozeß initiiert, der zu einem höheren Maß an Gleichgewicht und Harmonie führt.

Die ursprüngliche Natur der Dinge beinhaltet ein hohes Maß an Gleichgewicht und Harmonie, und genau auf diese ursprüngliche Natur beziehen sich die Taoisten. Sie ist weder geheimnisvoll noch metaphysisch. Wir atmen, lieben, spielen, arbeiten und sterben. Wir haben unsere Jahresrhythmen, und die Blumen und die Jahre haben die ihren. Dinge bewegen sich auf unaufhaltsame Weise. Die Folgen unserer Handlungen sind ziemlich voraussagbar. Wir haben innere Eigenschaften, die unsere äußeren Verhaltensmöglichkeiten einschränken, und äußere Grenzen, die unser inneres Wesen bestimmen. Dinge geschehen aus sich heraus, weil sie Bestandteile unseres Seins sind. Wir geschehen mit anderen Dingen, weil wir die anderen Dinge sind. Letztlich ist nichts ungewöhnlich, sondern alles ein Prozeß, der in sich schlüssig ist. Das gilt auch für Disharmonie und Chaos.

Disharmonie ist das notwendige Gegenstück zur Harmonie, so wie Chaos die Ordnung ergänzt. Taoisten sind keine naiven Optimisten. Ihnen ist klar, daß das umfassende Gleichgewicht und die Harmonie des Ganzen komplex und dynamisch sind. Alles strebt unablässig einem dynamischen

Ausgleich zu. An diesem dynamischen Ausgleich in uns selbst und zwischen uns und der Welt arbeiten wir ständig. Im Gleichgewicht zu sein bedeutet, aktiv Gleichgewicht zu schaffen. In jedem Augenblick ist es möglich, Gleichgewicht und Harmonie zu erhalten oder wiederherzustellen, sofern wir die Fähigkeit entwickelt haben, uns auf adäquate Weise mit der Dynamik des Prozesses zu bewegen. Das Gleichgewicht stellt sich unablässig selbständig wieder her, wenn der Weise unablässig ergründet, wie er die Rückkehr des wesenseigenen Zustandes fördern kann.

In diesem Sinne ist alles Denken und Handeln Arbeit im Sinne des Tao. Allem absichtsvollen Denken und Handeln liegt die Prämisse zugrunde, daß sich Gleichgewicht und Harmonie aufrechterhalten oder wiederherstellen lassen. Bei allem, was wir denken und tun, glauben wir, positive Konsequenzen zu verursachen. Zwar kursiert in unserer Zeit der Gedanke, daß das unausweichliche Ende der Menschheit weltweiter Selbstmord sein werde, doch glauben nur wenige Menschen zutiefst an diese schreckliche Perspektive. Die meisten hegen die Zuversicht, daß der gleiche Einfallsreichtum und eben jene Genialität, die uns in so große Schwierigkeiten gebracht haben, uns auch wieder aus unserer bedenklichen Lage befreien werden. Doch kann man diese naive Zuversicht weder als taoistisch noch als besonders weise bezeichnen.

So lernen und lehren wir, bringen uns in Schwierigkeiten und befreien uns wieder daraus, finden und verlieren wir uns immer wieder aufs neue. Nur wenige unter uns sind über seltene Augenblicke hinaus weise. Wenn wir zu wissen glauben, lehren wir; wenn wir nicht zu wissen glauben, lernen wir. Wir sollten weniger lehren und mehr lernen. Diejenigen, die lehren, die zu wissen vorgeben, sollten nicht dem Irrtum verfallen, sich für Weise im Sinne des Taoismus zu halten. Deshalb ist dieses Buch weniger ein Lehrbuch als ein Buch, das auf bestimmte Dinge hinweisen will. Außerdem will es einen Prozeß des *Verlernens* fördern, eine Arbeit, die zu einer tiefen Einfachheit hinführt.

Lao-tse scheint Einfachheit zu befürworten, denn er bringt uns unserem ursprünglichen Sein näher und verringert die Komplexität, die es erschwert, einen Zustand des Gleichgewichts zu erreichen. Vielleicht ist Einfachheit an und für sich tugendhaft. Ungeachtet dessen verhalten wir uns, als ob es eine Möglichkeit gäbe, uns selbst und die Welt im Gleichgewicht zu halten.

Im Gleichgewicht zu bleiben ist schwer in einer Welt, die so kompliziert und widersprüchlich ist wie die unsere. Doch Widersprüchlichkeit liegt nun einmal im Wesen der Dinge. Konsistenz ist nicht alles. Das Tao ist groß genug, um Widersprüche umfassen zu können; deshalb muß auch unser Denken und Tun sie letztlich einbeziehen. Konsistenz läßt sich nur erreichen, indem man eine Geisteshaltung entwickelt, die Widersprüche einzubeziehen vermag. Daß wir über diese Möglichkeit verfügen, zeigt die Menschheitsgeschichte.

Unsere bisherige Geschichte ist sowohl *ent*mutigend als auch *er*mutigend. Schon vor 2.500 Jahren war Lao-tse entsetzt über die Kämpfe zwischen den Reichen Chinas. Nach der Überlieferung hat er das *Tao Te King* als Rat zum Abschied in einer hoffnungslosen Situation geschrieben. Es ist entmutigend zu wissen, daß die Menschen 2.500 Jahre später immer noch gegeneinander kämpfen und daß die Situation immer noch keinerlei Anlaß zu Hoffnungen auf eine positive Entwicklung gibt. Ermutigend ist es hingegen zu wissen, daß mittlerweile 2.500 Jahre vergangen sind. Selbst wenn niemand Lao-tses Rat gefolgt ist, so hat offenbar trotzdem irgend etwas gewirkt, das im Sinne seiner Lehren war.

Dieses Etwas liegt an der Wurzel taoistischen Denkens und Handelns. Dieses Etwas zu üben, Denken und Handeln daran zu orientieren, war zu allen Zeiten wichtig. Mit oder ohne Lao-tse und sogar vor Lao-tse war es da, und es ist immer noch da. Das vorliegende Buch handelt davon, wie man dieses Etwas nutzt. Seine Wirkungen sind nicht dramatisch, sondern tief, sicher und harmonisierend. – »So wie der Zweig gebeugt ist, ist der Baum geneigt.« Wir alle leben inmitten dieser schwierigen Zeit; niemand ist mehr oder weniger verantwortlich als jeder andere. Doch wir alle können den Baum beugen und neigen.

Diese Anleitung zum Denken und Handeln ist keine Sammlung von Verhaltensregeln, so wie die Lehren des Konfuzius, eines Zeitgenossen Lao-tses, es sind. Vielmehr geht es in diesem Buch um das Wesen des Denkens und Tuns. Konkrete Verhaltensregeln passen nicht auf konkrete Situationen, weil jede spezifische Situation sich verallgemeinernden Verhaltensregeln entzieht. Doch ist das Wesen der Dinge in den Dingen gegenwärtig. Das Formlose geht aller Form voran und besteht weiter, wenn die Form längst vergangen ist. Wir überleben kollektiv und individuell nicht durch Verhaltensregeln, sondern aufgrund von formloser Weisheit.

Der Inhalt dieses Buches ist formlos. Es enthält keine konkreten Ratschläge, die wir beherzigen können, sondern mobilisiert unsere Sensibilität. Aufgrund der allgemeinen Tendenz, Dinge zu kodifizieren und festzulegen, ist es schwierig, eine fließende Sensibilität zu kultivieren. Je subtiler die Lehren des Meisters sind, um so leichter können die Schüler sie abwandeln. Die schwer faßbaren Lehren des kontemplativen Taoismus, wie er in der westlichen Welt genannt wird, sind in China dem volkstümlichen Hsien-Taoismus gewichen, einem äußerst fragwürdigen Konglomerat von esoterischen und pseudo-magischen Ritualen, durch welche die Anhänger dieser Richtung versuchen, Unsterblichkeit zu erlangen und übermenschliche Kräfte zu entwickeln. Konkrete Lösungen zu definieren scheint zu allen Zeiten eine große Versuchung gewesen zu sein, der kaum jemand zu widerstehen vermag. Doch erinnern uns die kontemplative taoistische Tradition sowie auch der Ch'an- und Zen-Buddhismus, die sich später entwickelten, daran, daß »das Tao, über das man sprechen kann, nicht das ewige Tao ist«. Das Tao entzieht sich den Kategorien des Wissens und Nicht-Wissens. Oder, wie Nan Ch'uan, ein Meister des Ch'an es formuliert hat: »Wissen ist falsches Verstehen; Nicht-Wissen ist blinde Unwissenheit.« Dieser Weise ermahnt uns, von Konzepten und Gewißheiten frei zu bleiben, weil diese einschränkend wirken; der Rest seiner Ermahnung ist Thema des vorliegenden Arbeitsbuchs.

Ich habe das Wort »Wissen« nur in einigen wenigen Fällen benutzt, und wenn, dann im Bewußtsein von Nan Ch'uans Ermahnung. Im Begriff »Wissen« schwingt die Konnotation einer grenzenlosen Gewißheit mit. Das Universum kann jedoch niemals mit absoluter Gewißheit verstanden werden. Im Wort »wissen« (als Verb) schwingen zumindest zeitweilige Einschränkungen mit. »Verstehen« hat eine weichere, nachgiebigere und weiblichere Qualität; es gebärdet sich weniger anmaßend. In der Vergangenheitsform »verstanden« jedoch schwingt etwas mit, das eigentlich unmöglich ist. Wenn Verstehen ein Prozeß ist, kann es keine angemessene Vergangenheitsform geben, die wir in diesem Arbeitsbuch verwenden könnten. Mit dem Tao bewegen wir uns nur in der Gegenwart.

Tao existiert nicht in Vergangenheit und Zukunft, und in der Gegenwart ist es schwer faßbar. Wenn wir es erreicht zu haben glauben, entzieht es sich; und wenn wir es völlig vergessen, erreichen wir es möglicherweise. Doch wer kann wissen, wann dies der Fall ist? Wir werden in einem Spiegel niemals sehen können, daß wir uns *nicht* selbst anschauen. Dem Tao zu folgen ist ein heuristischer Prozeß des Denkens und Handelns in einem Zustand des Fließens und der Offenheit, welcher der Natur der Dinge entspricht, sich jedoch paradoxerweise nicht seiner selbst bewußt sein kann. Jedes Konzept erzeugt eine Definition, der sich das Tao entzieht, so wie die Unendlichkeit sich unentwegt jedem Versuch, sie zu messen, entzieht. Ebensowenig kann man im Garten Eden weilen *und* Erkenntnis haben. Ursprüngliche Einfachheit und Selbstgewahrsein schließen einander aus.

Jeder, der Konzepte vermittelt, ist die todbringende Eva; und jeder, der jene Konzepte erlernt, ist der verletzliche Adam. Lehrer zerstören die ursprüngliche Einfachheit. Doch lehren sie auch, ob ihnen dies klar ist oder nicht, eine Sensibilität dem Denken und Handeln gegenüber, die jenseits aller Konzepte liegt. Was sie lehren, oder zumindest das, worauf sie durch ihr Lehren unabsichtlich verweisen, ist eine undifferenzierte Ganzheit oder ein Gewahrsein, durch welches Menschen – darunter auch sie selbst – lernen können, im Universum intuitiv einen Zustand des Gleichgewichts zu erreichen.

Jeder der lernt, dieses intuitive Empfinden zu erkennen, ist davon fasziniert. Es begleitet uns als Individuen von der Geburt bis zum Tode und hat uns als gesamte Menschheit seit der Zeit vor 2.500 Jahren bis heute geleitet. Es beinhaltet zu tun, was getan werden muß oder wie Kung- Fu-tse einmal gesagt hat, und dabei klingt er wie ein Taoist: »Dem eigenen Geist zu dienen, unbewegt durch Trauer oder Freude, alles akzeptierend, was geschieht, ist wahre Tugend.«

Die Gleichsetzung von »Dem eigenen Geist dienen« und »wahre Tugend« erfordert eine Erklärung, denn ohne eine solche könnte das Mißverständnis entstehen, daß Konfuzius für hemmungslose Anarchie eintritt. Die Wurzel jenes möglichen Mißverständnisses liegt im Unterschied zwischen der taoistischen Bedeutung des Begriffs »Tugend« und der bei uns gebräuchlichen Bedeutung, also in einem Problem, das durch die Übersetzung aus dem Chinesischen in eine moderne westliche Sprache entsteht.

Der Begriff »Tugend« hat im taoistischen China die Konnotation »Macht«. Damit ist jedoch nicht jene Macht gemeint, die dem Universum abringt, was das Ich erreichen möchte, sondern eine Macht, die das Universum jenen gibt, die selbstlos sind, weil sie im Einklang mit den Kräften des Universums fließen. Es ist die Konsequenz dessen, daß man sich in einem Zustand der Einheit mit der nicht-differenzierten Ganzheit der Dinge befindet, einer tiefen Synchronizität, in welcher die Unterscheidung zwischen Innen und Außen verschwindet. Diese Tugend ist nicht die Folge dessen, daß man etwas Falsches richtig stellt oder daß man etwas Bösem widersteht; vielmehr handelt es sich um ein Aufgeben der Kontrolle, darum, daß man mit der wesenseigenen Gutheit der Dinge harmoniert. Macht in diesem Sinne verstanden entsteht, wenn man sich mit der fundamentalen, allgegenwärtigen Tugend im Einklang befindet. In einem solchen Zustand der Tugend/Macht *(te)* wird der Mensch nicht als eigen-willig und individuell Handelnder aktiv. Über Tugend/Macht zu verfügen bedeutet, selbstlos zu sein und somit weder über Tugend noch über Macht zu *verfügen*.

Im Weisen kommt ein wohlwollend wirkendes Universum zum Ausdruck. Einer der Zwecke dieses Arbeitsbuches ist es, auf diese gütige Partnerschaft zu verweisen.

Tugend/Macht läßt sich buchstäblich nicht benutzen, sondern sie wirkt regulierend und reformierend, nicht durch Erzwingen von Tugend, wo sie nicht vorhanden ist, sondern durch Zulassen jener ausgleichenden Kraft, die ohnehin präsent ist. Im tiefsten Sinne verstanden wird keine Macht angewendet, um ein Gleichgewicht zu erzwingen, sondern man ermöglicht es dem Gleichgewicht, sich wiederherzustellen. Gleichgewicht oder Ausgewogenheit ist der Zustand, dem die Dinge natürlicherweise zustreben, also kein statischer oder entropischer, sondern ein dynamischer Zustand. Die Voraussetzungen für Harmonie sind stets vorhanden. Tugend/Macht ist kein aktiver Prozeß, der Dinge erzwingt, sondern ein passiver, der Dinge ermöglicht.

Das Wesen der Dinge ist tugendhaft. Tugend lenkt Macht; Macht ermöglicht es Tugend, sich zu manifestieren. Macht, die sich nicht auf einen Gleichgewichtszustand zubewegt, ist nicht tugendhaft. Tugend, die sich nicht in Richtung eines Ausgleichs bewegt, ist keine Tugend/Macht. Der Winter bewegt sich durch den Frühling und findet im Sommer seinen Ausgleich. Die Geburt bewegt sich durch das Leben und findet im Tod ihre Ergänzung. Jedes Ding bewegt sich seinen eigenen Rhythmen gemäß auf einen Zustand höheren Gleichgewichts und größerer Harmonie zu.

Gleichgewicht ist kein Zustand, sondern ein Prozeß. In menschlichen Beziehungen beispielsweise bewegen und verändern sich beide Partner, bleiben jedoch im Gleichgewicht; sie verfügen über Macht, bleiben jedoch tugendhaft. Manchmal übernimmt einer von beiden die Führung, dann wieder folgt er dem anderen Partner; manchmal herrscht Einigkeit, dann wieder Zwietracht. Entscheidend ist der harmonische Ausgleich zwischen beiden, daß beide einen tiefen Respekt für einander hegen. Alle Elemente des Männlichen und des Weiblichen werden gewürdigt, weil alle zu einem dynamischen Gleichgewicht beitragen. Jede Veränderung gefährdet das bestehende Gleichgewicht und zerstört es, um ein umfassenderes Gleichgewicht zu erreichen. So wird zeitweilig ein Ungleichgewichtszustand erzeugt, aus dem heraus sich eine höhere Form des Gleichgewichts entwikkelt. Auf diese Weise entsteht ein immer tieferer Zustand der Harmonie. Wenn jeder Mensch das ausgewogene Zentrum ist, stellt sich Harmonie auf natürliche Weise ein und wird vertieft.

Auch der Stein ist das ausgewogene Zentrum, und ebenso der Baum, der Fluß, der Mond und der Frosch. Menschen stehen nicht nur zu ihresgleichen in Beziehung, sondern zu allem, was ist. Ehre den Frosch. Sei im Gleichgewicht mit Baum und Fluß. Lasse dich vom Stein ins Gleichgewicht bringen.

Bloße Information über den Stein reicht nicht aus. Wir müssen seine Bedeutung leben. Was er ist, ist mehr, als wir jemals ergründen können. Indem wir zu mehr werden als bloßem Denken, wird Macht zu Tugend. Wenn Tugend auf andere Dinge einwirkt, verschwindet die Macht, und es besteht fortan keine Trennung mehr zwischen dem einen und dem anderen. Beide leiten einander; das eine wird zum anderen. Wenn Fragen zu Antworten und Antworten zu Fragen führen, hat dann der Fragende oder der Antwortende die Führung? Jeder Schüler weiß, wie er Lehrer mit Hilfe von Fragen lenken kann; jeder Lehrer weiß, wie er Schüler durch Antworten leiten kann.

Die Tao-Erfahrung tritt ein, wenn beide so handeln, als würden sie von etwas anderem geleitet, von etwas, in dem sie beide enthalten zu sein scheinen, einer unsichtbaren Kraft erfüllender Gegenseitigkeit. Für jedes Ding gilt, daß jedes andere Ding Zugang zu jenem Gewahrsein bietet und deshalb ein Vehikel für Tugend/Macht ist. Selbst der Stein lehrt.

Von dem, was wir fürchten, können wir nicht lernen. Um über das gewöhnliche Denken und Tun zu Tugend/Macht zu gelangen, akzeptieren wir uns so, wie wir sind. Tatsächlich akzeptieren wir alles so, wie es ist.

Macht, die dagegen ankämpft, wer wir sind, und sogar dagegen, wer wir *nicht* sind, leugnet uns und fördert ein grundlegendes Unbehagen sogar gegenüber Frosch und Fluß, Stein und Baum. Mit Leugnen kann Tugend nicht zusammen existieren. Ohne Tugend zerstört Macht das Gleichgewicht und erzeugt einen Zustand der Disharmonie. Um Tugend/Macht zu erlangen, akzeptieren und ehren wir unsere Zugehörigkeit zu allem und befinden uns so im Einklang mit dem Tao und seinen Bewegungen.

Wir entwickeln Tugend/Macht durch selbstloses Akzeptieren. Wenn die Bewegung, von der wir sagen, sie befände sich außerhalb von uns, sich in uns manifestiert, dann ist Außen Innen.

Innen und Außen sind nicht das gleiche wie drinnen und draußen. Drinnen und draußen implizieren »neben« – parallel, aber unterschiedlich. Innen und Außen sind »mit«, innig miteinander verbunden. Außen ist nah; es ist »mit« dem, was »draußen« ist, als ob es zwischen dem Inneren und dem Äußeren keinen Abstand und keinen Unterschied gäbe. Innen ist näher als nah; integriert und zugehörig, ist es sowohl »mit« als auch »in«. Dies ist das Wesen selbstlosen Akzeptierens.

Wir öffnen uns dem Tao, bis wir uns im Einklang mit dem Tao bewegen. Ungesehen, ungehört, ungemessen, ist es überall manifest. Doch was ist dann der *Weg*? Der Weg, von dem man nicht abweichen kann. Der Weg, von dem man abweichen kann, ist nicht der *Weg*. Hah! Worte können nicht daraus heraustreten, um es zu erklären. So verwirrend und doch so einfach! Wenn wir uns mit dem Zentrum selbst bewegen, ist Abirren nicht möglich; wenn wir abirren, haben wir uns nicht im Einklang mit dem Zentrum bewegt.

Der Weg des Tao ist ein tiefes Zentriertsein in den Dingen, eine tiefe Harmonisierung, ein Verhalten, das Geist und Körper ins Gleichgewicht bringt. Es ist eine persönliche, gesellschaftliche und die Lebensumwelt einbeziehende Ökologie. Es ist keine idealisierende Sichtweise, die dem Universum »Gutheit« zuschreibt. Dinge wirken nicht förderlich, weil sie »gut« sind, sondern einfach deshalb, weil sie sind. Der Tod ist nicht »schlecht«; das Ende des Lebens verleiht dem Leben Sinn und Gewicht; es ebnet der Erneuerung den Weg. Unwissenheit definiert Wissen; Torheit definiert Weisheit. Wir beginnen mit solchen Einsichten und hören dann auf zu kämpfen. Selbst-los empfinden wir die Dynamik der Art, wie die Dinge sind, und dann bewegen wir uns im Einklang mit ihnen. Sich im

Einklang mit dem Wesen der Dinge zu bewegen ist die Wurzel aller Ökologie.

Zwischen allen Dingen besteht eine wesenseigene und allumfassende Sympathie. Diese tiefe sympathische Beziehung zu erkennen ist die Lebensaufgabe von Denkern, sie zu kultivieren die von Handelnden. Wir erkennen sie, wenn wir trotz aller Freude und Trauer einen unerklärlichen Einklang zwischen uns selbst und allem anderen empfinden. Zu solchen Zeiten sind wir zu den tiefsten Einsichten fähig, und es entsteht ein tiefes und selbstloses Wohlgefühl. Die Subjekt-Objekt-Spaltung wird überwunden, und an ihre Stelle tritt ursprünglicher Einklang, ein seltener Zustand des Gleichgewichts, ein Gefühl des Einsseins inmitten von Unterschieden. Wo ist hier? Wo ist dort? Wer tut? Wer denkt? Niemand beantwortet diese Fragen, weil kein klar abgegrenztes Selbst existiert, das antworten könnte. Was existiert, ist Einssein, eine kollektive Persönlichkeit, die mit Denken/Handeln befaßt ist. Wo ist Tugend/Macht? Sie ist überall, besitzt alles und jeden, wird von niemandem und nichts benutzt, weil wir alle uns darin befinden.

Das tiefe Gleichgewicht und die umfassende Harmonie, die Taoisten finden, erfahren zeitweilig alle, die Denken und Handeln miteinander versöhnen, alle, die an der Ganzheit ihres Seins arbeiten und die durch Tugend/Macht eine Vereinigung mit der lebendigen Großen Mutter vollziehen. Wenn die Empfindung der Getrenntheit und Unterschiedlichkeit schwindet, wird das, was geschieht, zu dem, was gedacht und getan wird.

Wir leben nur dann frei, wenn wir nicht aus unserem eigenen Wollen heraus leben. Unser Loslassen wird zu unserem Finden. Darin liegt die Faszinationskraft, die der Taoismus über 2.500 Jahre ausgeübt hat. Im vorliegenden Arbeitsbuch, das nie endgültig durchgearbeitet werden kann, wird der Taoismus als eine tiefe ästhetische und spirituelle Art zu denken, zu handeln und somit auch zu sein verstanden.

Einige chinesische Wörter und Konzepte

Die Wörter unserer Kultur beschränken unser Denken und dadurch auch unser Handeln. Jenseits der Grenze oder der Durchdringungsfähigkeit unseres Bewußtseins liegen Einsichten, die für Menschen in anderen Weltregionen, die in einer anderen Sprache leben, existieren. Ein Grund dafür, weshalb wir uns mit Wörtern fremder Sprachen vertraut machen, ist die Tatsache, daß wir uns auf diese Weise von den Beschränkungen befreien können, die die Wörter unserer eigenen Sprache uns auferlegen.

Indem wir einige chinesische Wörter untersuchen, gelingt es uns vielleicht, uns nach außen wie auch nach innen auf ein umfassenderes und tieferes Bewußtsein hinzubewegen. Die folgenden Erläuterungen zu zentralen chinesischen Wörtern sollen den Lesern helfen, Räume in ihrem Inneren zu finden, die wir mit den Möglichkeiten unserer Sprache nicht erreichen können oder die zu subtil sind, um sie auf andere Weise zu erschließen. Verstehen Sie die erläuterten chinesischen Wörter als Konzepte, die unsere eigene Sprache bereichern und die unser Gewahrsein verfeinern, bis Wörter nicht mehr erforderlich sind. Wörter sind nicht alles.

Sprache beinhaltet eine bestimmte Art zu denken, jedoch nicht die einzig mögliche. In jeder Kultur scheint es etwas sehr Tiefes zu geben, das sich sprachlichem Ausdruck und einschränkenden Konzeptualisierungsversuchen entzieht. Für alle überall, die sich nicht von und in Worten einfangen lassen, ist diese tiefe Sprach-losigkeit der Ort jenseits der Sprache, an dem sie einander begegnen.

Wie alle Wörter versuchen auch die anschließend erläuterten chinesischen, das Undefinierbare zu definieren. Auch sie sind Bestandteile jenes Systems, mit dessen Hilfe wir das tiefe Mysterium aller Dinge zu erfassen versuchen, um das, was jenseits des Definierbaren liegt, zu definieren. Wer weiß, ob es tatsächlich so etwas wie *Yin* und *Yang*, *Hsiang sheng* oder *Wu-wei* gibt? Dies sind Vorstellungen von etwas, das existieren mag, von etwas, das zu existieren scheint, einfach weil es definiert ist. Sinn und Zweck solcher Begriffe ist, unsere Möglichkeiten zu erweitern, nicht uns einzuschränken. Wir sollten sie deshalb nur so lange benutzen, wie sie nützlich sind.

Wenn Ihnen die erläuterten Wörter nützlich sind, dann benutzen Sie sie, aber lassen Sie sich nicht von ihnen einfangen. Versuchen Sie vielmehr, sich dem Mysterium anzunähern, das ihnen zugrunde liegt. Wenn Sie sie nicht mehr benötigen, dann machen Sie sich von ihnen frei.

King: *King* bedeutet wörtlich Werk der klassischen Literatur, etwas ganz besonderes, ein Buch von außerordentlicher Qualität oder Bedeutung – ein Buch, das mehr ist, als lediglich ein Buch.

Hsiang Sheng: Nichts vermag unabhängig zu wirken; alles wirkt in Beziehung zu allem anderen. *Hsiang sheng* bedeutet »wechselseitiges Erscheinen«. Damit ist das Prinzip gemeint, das alle Dinge mit allen anderen verbindet. Es ist die chinesische Entsprechung zu Indras Halskette in der Hindu-Tradition und die Vorstellung der Komplementarität in der Quantenphysik. Wenn wir das Ergebnis von allem, was wir denken und tun vorwegnehmen wollen, so erfordert dies ein holistisches Empfinden der Beziehungen dessen, um was es uns geht, zu allem anderen.

Aufgrund von *Hsiang sheng* ist es uns nicht möglich, auf etwas ganz Bestimmtes gezielt einzuwirken, denn letztlich wird alles *im Zusammenhang mit* allem anderen getan. »Einwirken auf« ist ein Ausdruck, der auf der Illusion der Unabhängigkeit der Dinge basiert. Zutreffender wäre die Aussage, daß alles *im Zusammenhang mit* allem anderen wirkt. Dieses *mit* ist das Wesen von *Hsiang sheng* und der Schlüssel zum Denken und Handeln im Einklang mit dem *Tao*.

Hsuan: Alle Quellen und Erklärungen lassen sich auf *Hsuan* zurückführen, das dunkle und leere Chaos, das jeglicher Unterscheidung und Ordnung vorausgeht. *Hsuan* war vor jedem Anfang.

Der Anfang ist erfaßbar, weil er unterscheidbar ist. Er ist verstehbar, weil er Form und Substanz hat. *Hsuan* ist die Quelle des Anfangs, formlos und ohne Substanz. Es handelt sich um potentielle Energie, die noch nicht in die Realität eingetreten ist. Alle Fragen versuchen, in der dunklen Leere von *Hsuan* Antworten zu finden.

T'ai-chi: *T'ai-chi* ist die Kunst, sich auf das Wesen der Dinge einzustimmen, *mit* statt *gegen* zu nutzen. Dabei ist der rechte Zeitpunkt von entscheidender Bedeutung. Statt gegen die Dinge anzukämpfen, findet *T'ai-chi* eine günstige Öffnung, die ins Innere führt. Wenn man wirklich mit den Dingen eins ist, bewegt sich die Energie ungezwungen. Denken und Handeln erscheinen dann mühelos und harmonisch.

Neben dem traditionellen *T'ai-chi* gibt es ein *T'ai-chi* des alltäglichen Handelns. Dies ist die Kunst, sich anmutig und gewandt im Alltagsleben zu bewegen, das Wann und Wie der einfachsten Dinge. Dabei wird jeder Schritt so lange geübt, bis alle Schritte sicher, frei und wie von selbst gelingen. Wenn der rechte Zeitpunkt gewählt ist, ergeben sich Öffnungen, und große Dinge geschehen auf mühelose Weise, so daß man selbst die längste Reise unbesorgt wagen kann.

Es gibt auch ein *T'ai-chi* des Denkens. Die Energie der Neugier ist für den Denker ebenso nützlich wie die Energie des Körpers dem Tänzer. Denken erzeugt Fragen, die zu Antworten führen, und auf diese Weise erlernen wir die Bewegungen, die den Tanz des Fragens und Entdeckens, des Suchens und Findens, der Begegnung und des anschließenden Eintretens ausmachen.

Menschen, die nicht geübt sind in der tänzerischen Kunst des Lernens, die Suchen als frustrierend erleben, denen es demütigend erscheint, fragen zu müssen, und denen Nachgeben wie eine Niederlage erscheint, kämpfen endlos mit dem Gewöhnlichen. Sie sind Opfer ihrer selbst. Durch allgegenwärtige Hindernisse überwältigt, sind sie nicht in der Lage, jenes schwer faßbare Gleichgewicht und jene Freiheit zu finden, mit deren Hilfe sie sich leicht in der Welt bewegen könnten.

Das *T'ai-chi* des Denkens und Handelns können wir besser von uns selbst erlernen als von anderen. Diese Kunst meistern wir letztendlich, wenn wir von der Begrenzung unserer selbst befreit werden.

Tao: Das *Tao* wird häufig der *Weg* genannt. Der Begriff bezeichnet die Art, wie die Dinge sind, die Art, wie das Universum funktioniert. Jede derartige Definition muß unbefriedigend bleiben, weil wir uns nicht außerhalb des *Tao* begeben können, um es zu definieren.

Einen gewissen Eindruck vom Wesen des *Tao* vermitteln uns die Schriften von Lao-tse und Chuang-tse. Doch gleich die erste Zeile des *Tao Te King* erinnert uns: »Das *Tao*, über das man sprechen kann, ist nicht das ewige *Tao*.« Das *Tao* ist rätselhaft, schwer faßbar, paradox; es ist etwas, das sich jeder Definition entzieht, einfach weil nichts außerhalb von ihm existieren kann.

Anders könnte es auch gar nicht sein, denn wir können uns nicht von etwas lösen, um es zu erklären; das hat die Quantenphysik unbezweifelbar klargestellt. Wir können unmöglich bezüglich einer Erfahrung objektiv sein, in die wir selbst involviert sind. Eine Distanzierung ist nicht möglich. Das *Tao*, das sind wir. Ungeachtet irgendeiner angeblichen Losgelöstheit sind wir durch die Gegenwart unseres eigenen Denkens an uns selbst gebunden. Der Weg nach außen ist der nach innen.

Indem wir bewußt und wachsam leben, indem wir leicht von *innen* zu verstehen lernen, statt es von *außen* zu versuchen, können wir ein Empfinden dafür entwickeln, wie das *Tao* wirkt. Das *Tao* ist kein Ding, sondern ein Weg. Es zu finden ist so, wie das Spielen zu finden. Es ist nichts, das man entdecken müßte, sondern ein Prozeß, in den man eintreten muß. Wir werden uns seiner gewahr, indem wir uns mit ihm bewegen; das Finden ist der *Weg*.

Das Spiel der Subjekt/Objekt-Trennung hält uns separat und vom Inneren der Dinge fern. Im Zustand der Abgetrenntheit gibt es keinen Weg nach innen. Den Weg nach innen hat noch niemand von außen gefunden. Solange wir außen sind, gibt es für uns keinen Weg nach innen. Wenn wir außen sind, gibt es kein Innen und kein *Tao*. Der Weg nach innen öffnet sich von selbst, wenn sich das Außen auflöst. Sobald nur noch Innen existiert, ist das *Tao* da – jedoch ohne daß irgend etwas Abgetrenntes vorhanden wäre, das es definieren könnte. Unsere Aufgabe in diesem Arbeitsbuch besteht darin, die Kunst zu kultivieren, innerhalb dieses Innen zu verweilen.

Te: Das chinesische Konzept *Te* bedeutet gleichzeitig *Tugend* und *Macht*. Es bedeutet Tugend/Macht. Tugend allein hat die Konnotation des Gutseins oder des moralischen Urteils, durch welches das *Tao* jedoch nicht begrenzt ist. Macht allein beinhaltet Eigenwilligkeit, Selbstbehauptung und absichtliche Beeinflussung.

Indem wir uns im Einklang mit dem *Tao* bewegen, befinden wir uns in einer gewissen Synchronizität mit den Dingen, die man aus einer egoistischen Perspektive als Macht bezeichnen könnte. Doch kann man sich diese Synchronizität nur auf selbstlose Weise erschließen; es handelt sich nicht um Macht im westlichen Sinne, und diese Macht hat auch nichts damit zu tun, daß man das Universum nach seinem eigenen Willen formt. Da *Te* ohne Eingreifen des Willens agiert, bleibt es der wesenhaften Tugend der Dinge treu. Dies ist nicht die Tugend des kleinen, separaten Ich oder eines spezifischen Interesses, sondern die umfassendere Tugend der Weisheit der Natur.

Tzu-jan: *Tzu-jan* ist das, was von selbst geschieht, was Dinge einzeln und kollektiv tun, wenn sie im Einklang mit ihrer eigenen Natur wirken. Da es nicht möglich ist, daß Dinge *nicht* im Einklang mit ihrer eigenen Natur wirken, ist in *Tzu-jan* eine Konnotation der Spontaneität, der Natürlichkeit enthalten. Wenn man die Dinge sich selbst überläßt, finden sie ihr Gleichgewicht, da ihre Eigennatur in Beziehung zur Eigennatur von allem anderen agiert. *Tzu-jan* zu üben bedeutet zu erkennen, was unsere Sache ist und was nicht.

Tzu-jan durchzieht unser Denken und Tun mit einer Leichtigkeit, als ob wir uns, ohne es zu wissen, dorthin bewegen würden, wohin wir gehen wollen. Es entsteht ein Gefühl wesenhafter Zugehörigkeit, unbegrenzter Erfüllung. Wenn *Tzu-jan* präsent ist, erkennen wir die wesenhafte Angemessenheit dessen, was unmittelbar präsent ist. Es ist das, was Liebende ineinander erkennen, was sie um des anderen willen tun. In *Tzu-jan* sind Denken und Tun zusammen. *Tzu-jan* erkennt, daß jedes Ding sein eigenes Wesen und seine eigene Weisheit hat. Es ist ein Geschehen aus sich selbst heraus, das von innen in Erscheinung tritt.

Wu-wei und **Wei-wu-wei:** In der taoistischen Tradition ist das Ausgleichen der scheinbaren Gegensätze von Dingen von entscheidender Bedeutung, wenn man sich mit dem *Tao* bewegen will. Tun erfordert deshalb als Gegenstück Nicht-Tun, ein Nicht-Erzwingen der Dinge, ein geduldiges Warten. *Wu-wei* oder *Nicht-Tun* und *Wei-wu-wei* oder *Tun ohne zu tun* sind Prozesse, die auf aktive Weise passiv sind, entsprechend dem weiblichen und erwartenden Prinzip.

Wu-wei ist eine subtile und unauffällige Art zu handeln, die darin besteht, nicht im Wege zu stehen, um die Dinge sich selbst tun zu lassen. Es ist ein Handeln, das nicht gegen etwas ankämpft, sondern mit dem Geschehen fließt. Es folgt, statt zu führen, wartet, statt zu initiieren. Manchmal ist entschlossenes Handeln erforderlich, in anderen Fällen entschlossenes Nicht-Tun, eine Art wacher Passivität oder dynamischen Nachgebens, so wie ein Baum sich unter der Last von Schnee beugt.

Je näher wir dem *Tao* kommen, um so mehr agieren wir im Sinne von *Wu-wei*, bewegen wir uns leicht und ohne Mühe, als ob wir von den Umständen, die uns füllen und erfüllen, mitgezogen würden.

Alles im Universum bewegt sich im Einklang mit dem Wesen des Universums. Alles, was wir tun und nicht tun, geschieht im Einklang mit der Natur des *Tao*. Das *Tao* kann nicht vermieden werden. Indem wir uns auf sein Wesen einstimmen, bewegen wir uns immer weniger mit verwirrender Eigenwilligkeit; wir bewegen uns *mit* der Natur der Dinge statt *gegen* sie. Unsere Geisteshaltung wird großzügiger und tiefgründiger, bis wir Widrigkeiten schließlich zu begegnen vermögen, indem wir sie sanft umschließen und absorbieren. Eigeninteresse steht dem *Weg* im Wege.

Wenn wir uns frei von eigennützigen Motiven bewegen, gehen wir selbst inmitten scheinbaren Widerstandes mit Anmut, Leichtigkeit und Harmonie. Deshalb scheint sich der Weise fast unbemerkt durch die Welt zu bewegen. So wirkt *Hsiang sheng* in Verbindung mit *Wu-wei*.

Yin und **Yang:** Diese beiden Begriffe repräsentieren im Taoismus das Prinzip der Polarität. Obgleich Lao-tse und Chuang-tse sie in ihren Schriften nur selten benutzen, sind sie in der taoistischen Philosophie implizit enthalten. *Yin* und *Yang* befinden sich nicht im Kampf oder Konflikt, sondern ergänzen einander. Sie sind die einander entgegengesetzten Hälften eines Geistes. Den Ausgleich von *Yin* und *Yang* kann man als *Tao* bezeichnen.

Doch das richtige Wort ist hier Ausgleichen, nicht Gleichgewicht. Das *Tao* ist Prozeß, ein dynamischer Zustand ausgewogener Bewegung. Das impliziert, daß der Prozeß rhythmisch ist, nicht linear, zyklisch, nicht progressiv. Wir gelangen nirgendwo anders hin als dorthin, wo wir ohnehin bereits sind. Denken und Handeln haben hier nicht wie im westlichen Denken eine Aura des Schicksalhaften. Im Taoismus liegt die Betonung auf dem unentwegten dynamischen und harmonischen Ausgleichen in der Gegenwart. Da die Gegenwart sich auf dem Weg des *Tao* bewegt, ist eine Voraussetzung dafür, sich mit dem *Tao* zu bewegen, daß man sich in der Gegenwart bewegt. Es geht um das unentwegte Bemühen, sich in die ständig sich wandelnde, fließende Gegenwart einzustimmen. So wie die Gegenwart unablässig im Fluß ist, bewegen auch wir uns im Einklang mit ihr und bringen sie dadurch in einen Zustand der Ausgewogenheit. Deshalb ist der Weise vollkommen im Gleichgewicht, jedoch nicht unbedingt vollkommen.

Das Tao des Seins

Ein Arbeitsbuch zum Denken und Handeln

1. Erstes Wissen

Erstes Wissen kann ebenso wie tiefstes Wissen nicht gedanklich sein. Die Klänge und Markierungen der Worte liefern nur Andeutungen. Gedanken vermögen nicht zum Anfang des Anfangs vorzudringen. Dieser ist dunkles Chaos, ungeteilte Namenlosigkeit. Erstes Wissen verliert sich in der Dunkelheit des ersten Anfangs. Es war vor allem Denken, vor allen Unterscheidungen.

Der Anfang wird Große Mutter genannt, das erste Benannte und das erste Geformte. Die Große Mutter ist alles, und alles ist die Große Mutter. Ihre Natur wird *Tao* genannt, doch jeder andere Name wäre ebensogut.

Das *Tao* liegt jenseits aller Worte und kann nicht gedacht werden. Studiere, lerne und denke. Fülle dich an mit allem. Dann lasse alles los. Lerne, und verlerne dann, um das *Tao* zu erkennen. Suche, auch wenn es immer verborgen bleibt.

Erkenne die äußeren Formen, auch wenn sie noch so manifest sind. Man bezeichnet sie unterschiedlich und ordnet sie dem zu, was man wissen kann, oder dem, was sich dem Wissen verschließt, doch treten sie aus der einen Quelle in Erscheinung und sind gleich.

Der Anfang ist Dunkelheit. Der Anfang des Anfangs ist Dunkelheit in Dunkelheit. Finde Dinge und Gedanken im Licht; finde die Anfänge von Dingen und Gedanken in Dunkelheit. Beginne mit dem Licht, doch bewege dich in Richtung der Dunkelheit. Alles Erkennen beginnt im Mysterium in Dunkelheit.

2. Extreme vermeiden

Überall wo Schönheit ist, ist auch Häßlichkeit, die die Schönheit hervorhebt. Überall wo Gutes ist, ist auch das Böse, um das Gute hervorzuheben. Sobald jemand zum Gewinner erklärt wird, wird auch ein Verlierer geschaffen. Niedrig entsteht durch Hoch, Arbeit aus Spiel, schwer aus leicht, Ungewißheit aus Zuversicht, nicht genug aus zuviel. Durch gleichzeitiges Erscheinen der Gegensätze ist all unser Denken und Handeln im einen oder anderen gefangen. Wenn Bedürftigkeit da ist, ist auch Vernachlässigung da. Erfolg bringt Mißerfolg mit sich. Unwissenheit folgt dem Wissen.

Es gibt einen Pfad zwischen dem einen und dem anderen, den man finden kann, indem man sich mit dem *Tao* bewegt. Gehe sanft und geduldig. Wenn Widerstand auftritt, dann war vorher Drängen da, und das ist nicht der Weg. Lasse dich in Richtung des Mysteriums bewegen. Gebe nach und lerne, bis du ein lösendes Dazwischen erreicht hast. Tust du zuviel, so werden Schwierigkeiten auftreten; denkst du zuviel, so entsteht Verwirrung. Lasse die natürliche Ordnung aus sich selbst heraus in Erscheinung treten.

Deshalb bedient sich der Weise gleichermaßen des Tuns und des Nicht-Tuns, des Denkens wie des Nicht-Denkens. Wenn stilles Füllen und Leeren geschieht, tritt alles auf seine eigene harmonische Weise in Erscheinung und verschwindet ebenso wieder, und die Entfaltung des natürlichen Flusses wird nicht gestört. Obgleich nichts gegeben wird, wird nichts verweigert. Nährung findet statt, doch wird nichts erzwungen, Ausgleich findet statt, jedoch kein Teilen und Trennen. Arbeit wird getan, doch hält niemand sich dies zugute. Ist eine Arbeit beendet, wird sie vergessen. Nicht-Tun wird ebenso gepflegt wie Tun. Leere füllt sich mit Gedanken.

3. Innerer Friede und äußere Harmonie

Wenn talentierte Menschen geehrt werden, entsteht Eifersucht. Wo Wertvolles ist, sind auch Diebe. Versuchungen erzeugen Unruhe im Herzen. Erfülle die Menschen mit Begierde, und Schwierigkeiten werden folgen.

Deshalb inspiriert der Weise, und doch fühlen alle sich wohl. Gedanken und Bestrebungen werden nach innen gerichtet, auf das innere Wachstum, nicht nach außen, wo Konflikte lauern. Der Geist wird geöffnet. Der Charakter wird gestärkt. Unabhängigkeit wird entdeckt. Auf diese Weise geraten Wissen und Verlangen nicht in Konflikt mit anderen. Innere Stärke tritt an die Stelle äußeren Glänzenwollens.

Konkurrenz und Kooperation sind Gegensätze, die einander schaffen. Aus dem ersten entsteht Zwistigkeit, aus dem zweiten Abhängigkeit. Der Weise fördert weder das eine noch das andere.

Zwischen den Gegensätzen von allem liegt eine innere tugendhafte Macht. Sie tritt in Erscheinung, wenn nichts außergewöhnliches geschieht: wenn Menschen nicht verschlagen sind, wenn die Intelligenten nicht listig sind, wenn die Unglücklichen nicht vernachlässigt werden. Dann besteht innerer Friede und äußere Harmonie.

Herrscht innerer Friede, so ist das Gewöhnliche tiefgründig. Besteht äußere Harmonie, so erscheint alles als gewöhnlich.

4. Immer gegenwärtig

Das *Tao* war immer da. Deshalb vermag niemand zu sagen, wann es begann. Es ist stets verborgen, weil es stets gegenwärtig ist. Wer könnte sagen, daß es nicht gegenwärtig ist, wo es doch nicht verloren gehen kann?

Es entwirrt das Verworrene, erhebt das Niedrige, erniedrigt das Erhobene. Die besonders Intelligenten werden durch das, was sie nicht wissen, gedemütigt, und die weniger Begabten sind stolz auf das, was sie wissen. So werden die Vollen geleert, und die Leeren gefüllt.

Das *Tao* ist Leere, die benutzt, aber nie aufgebraucht wird. Es ist immer präsent, doch niemand weiß es zu benutzen. Gleich oder verschieden, zusammen oder allein, das gleiche *Tao* ist für alle hier und jetzt da.

Worin besteht dann der Unterschied zwischen der einen und einer anderen Person, wenn beide das *Tao* nicht nutzen? Der Lernende müht sich damit ab zu lernen; der Lehrer müht sich damit ab zu lehren. Worin liegt der Unterschied zwischen Lehrer und Lernendem, wenn beide sich zwischen Geburt und Tod abmühen, den Weg zu finden? Ist denn nicht offensichtlich, daß alle sich mit dem gleichen allgemeinen Suchen abmühen?

Lehre und lerne, lerne und lehre. Niemand ist voll, und niemand ist leer. Als Lehrer lehre, als würdest du leeren; als Lernender lerne, als würdest du füllen. Fülle und leere gleichzeitig, immer im Bewußtsein der Komplexität und Einfachheit allen Geschehens.

5. Tiefes Denken

Die Kräfte des Universums sind erbarmungslos. Für sie ist alles völlig gleich. Der Weise ist erbarmungslos, da er alle völlig gleich behandelt.
Wollen und Träumen trüben die Art, wie Dinge sind. Entschließe dich, gegen das Universum zu kämpfen, oder entschließe dich, dich im Einklang mit ihm zu bewegen.
Zwischen allem liegt ein Raum, der die äußere Form verändert, jedoch nicht die wesenhafte Gestalt. Es ist eine Leere, die mit ihrem unerschöpflichen Atem alles verändert. Je mehr sie atmet, umso mehr Dinge geschehen.
Versuche, es zu erklären, und es wird nur noch verwirrender. Doch jenseits aller Worte, tief im Inneren, versteht etwas die atmende Leere.
So mühelos wie tiefes Atmen ... tiefes Denken.

6. Weibliche Weisheit

Das Mysterium im Tal ist subtil, endlos. Es ist der *Weg* der Großen Mutter.
Lernen bedeutet, das Tor des Tals zu durchschreiten und vom Geheimnis aller Dinge ergriffen zu werden. Auf das Tor kann verwiesen werden, doch den Pfad mußt du allein finden.
Suche, bis du von der weiblichen Weisheit in allem ergriffen wirst. Sie hält und nährt. Vertraue ihr. Sie wird nicht versagen.
Lernen ist Suchen und Ergriffen-Werden. Weisheit ist Aufgeben und Gefunden-Werden. Niemand kann erklären, wie Gefunden-Werden geschieht.

7. Antworten auflösen

Ungeboren, stirbt es nicht. Ohne Gestalt, vergeht es nicht. Wenn es einen Anfang gibt, kommt auch ein Ende. Gebe einer Idee Form, so liegt schon darin ihre Auflösung begründet.

Binde das Denken nicht durch Form oder das Verstehen durch Selbst. Binde Selbst nicht durch Gedanken. Begrenze Fragen nicht durch Antworten. Indem du zurückbleibst, bleibe vorn. In Ungewißheit, sei zuversichtlich. Ohne Selbst, sei verwirklicht.

Darin liegt das Dilemma. Alles Tun ist Ent-Tun. Jeder Gedanke ist unvollständig, jede Wahrheit unwahr. Sprich etwas aus, und es ist falsch. Stille ist nicht genug. Der Name ist nicht das Ding. Der Gedanke ist nicht das Verstehen.

Lehren lindert die Last der Unwissenheit durch die Illusion des Verstehens. Der blinde Schüler folgt dem blinden Lehrer und lauscht der Weisheit des Klopfens mit dem Rohrstock.

Löse Fragen auf, indem du Antworten auflöst. Wenn es keine Antworten mehr gibt, kann der Lehrer ehrlich gegenüber denen sein, die folgen.

8. Abwärtsfließen

Das höchste Gute nährt wie Wasser mühelos alles. Wie das *Tao* fließt es zu den niedrigsten Orten. Lebe nah beim Land, halte dich dicht am Boden. Beim Denken erforsche die Tiefen. Gegenüber anderen sei gütig und sanft. Sei bedächtig mit Worten. Im Geschäftlichen sei tüchtig. Wenn Herrschen notwendig ist, so fördere die Ordnung, und sei gerecht. Beim Handeln ist der rechte Zeitpunkt entscheidend.

Kämpfe mit anderen, und es wird Beschuldigungen geben. Hast du vorgefaßte Meinungen, so entsteht Verwirrung. Versuchst du, den Fluß aufzuhalten, so wird Mißerfolg eintreten.

Folge der abwärtsfließenden Tendenz zur Bescheidenheit. Von der Geburt bis zum Tode ist die Richtung klar. Gib nach, und verändere dich wie Wasser. Alles fließt abwärts; deshalb besteht kein Unterschied zwischen einer Sache und einer anderen.

9. Friedvolles Verweilen

Besser früh aufhören, als zu sehr füllen. Wenn du etwas zu sehr schärfst, wird die Schneide nicht halten. Sammelst du großen Reichtum an, so wird es schwierig, ihn zu schützen. Sagst du zuviel, so entsteht Verwirrung. Gibst du vor zu wissen, so ist das eine Provokation. Gewißheiten werden angegriffen. Hohes Ansehen ist der Ursprung eines schlechten Rufs.

Es ist besser, Gekrümmtes nicht zu begradigen, Zerbrochenes nicht zu reparieren, Leeres nicht zu füllen. Wenn du Verwirrung zu Antworten formst, werden lediglich noch mehr Fragen entstehen. Schwierigkeiten entstehen durch Einmischung. Lösungen erzeugen Probleme. Versuche, die Welt zu verbessern, und es werden nur noch mehr Probleme entstehen.

Verweile in Frieden. Sei aufrichtig und liebevoll. Anweisungen zu geben, trübt den Weg. Lehre, ohne reformieren zu wollen. Ruhe, wenn die Arbeit des Tages getan ist.

10. Tiefste Tugend

Vereine die Getrenntheit von Geist und Körper zu einem Ganzen. Voll bewußt, sei geschmeidig wie ein neugeborenes Kind. Schaue klar in dich selbst. Liebe, doch erwarte keine Gegenleistung. Beeinflusse, ohne Kontrolle auszuüben. Sei wachsam, jedoch nicht schlau. Sei nachgiebig und entschlossen zugleich.

Sei aufmerksam und verständnisvoll und gleichzeitig fähig, dich jeglichen Tuns zu enthalten. Inspiriere und nähre, ohne zu besitzen. Lehre, doch halte dir das Lernen nicht zugute. Führe, als würdest du folgen. Tiefste Tugend ist verborgen.

11. Benutzen, was nicht ist

Ein Gefäß ist aus Ton geformt, doch nützlich wird es durch den leeren Raum in seinem Inneren. Der leere Raum im Zentrum eines Rades ermöglicht es dem Rad, sich zu drehen. Fenster und Türen sind leere Räume in Wänden. Ein Raum kann nur benutzt werden, weil er Leere ist.
Was wertvoll ist, entsteht aus dem, was ist; was nützlich ist, entsteht aus dem, was nicht ist.
Kümmere dich deshalb ebenso um das Unbekannte wie um das Bekannte. Es ist ebenso wertvoll zu wissen, wie es nützlich ist, nicht zu wissen. Nicht-Wissen ist ein Anfangen, doch Wissen ist ein Enden. Nicht-Wissen ist die Ungewißheit, die Bewegung möglich macht. Wenn es nur Bekanntes gäbe, könnte sich niemand in der Gewißheit bewegen. Schreite von Unbekanntem zu Unbekanntem fort. Gewißheit bindet, Ungewißheit befreit.
Kümmere dich um das Ungewisse ebenso wie um das Gewisse. Bewege dich in Fragen, und hüte dich vor Antworten. Sobald du dir Gewißheit zu eigen machst, bist zu verloren. Finde die Antwort, und du liegst falsch. Antworten verschließen, Fragen öffnen. Finde den Raum zwischen Gedanken, die Ungewißheit zwischen Gewißheiten.
Suche, was ist, aber suche auch, was nicht ist. Fülle, aber leere auch. Anfänge treten nur in Erscheinung, wenn Leere existiert. Kultiviere die Leere, die empfängt, die Ungewißheit, die versteht. Suche das Leere; heiße das Veränderliche willkommen. Ohne Leere kann nichts Neues empfangen werden, und deshalb kann auch nichts mehr gelernt werden. So füllt der Weise alle, doch ihre Leere bleibt.

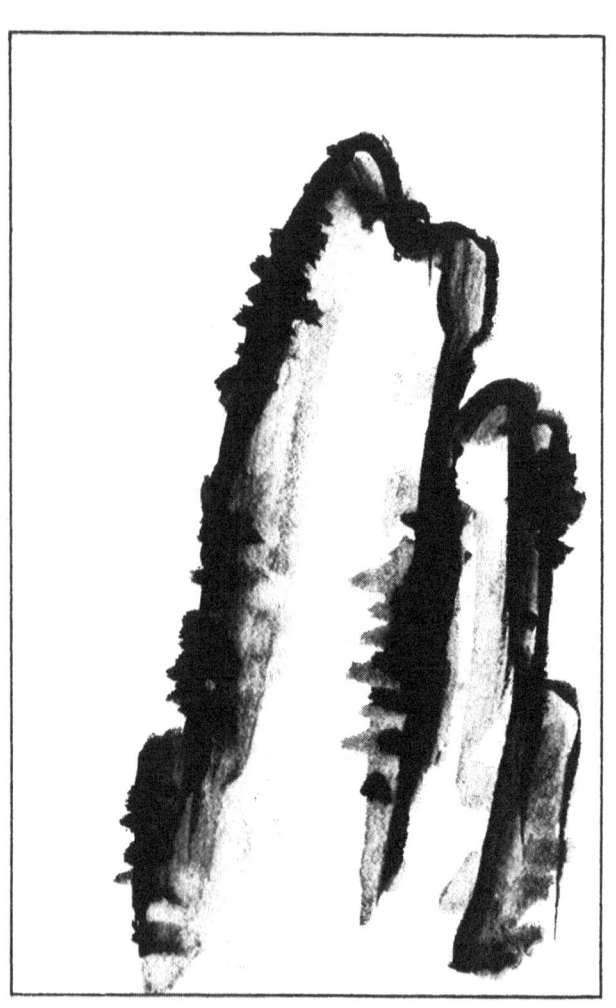

12. Innere Tiefe

Zu sehen bedeutet, sich von Farben blenden zu lassen; zu hören bedeutet, sich von Geräuschen taub machen zu lassen; zu schmecken bedeutet, sich von Geschmäcken einlullen zu lassen. Kostbare Dinge wirken zerstreuend. Denken wird mit Suchen verwechselt, Tun durch Eile zunichte gemacht.

Konzentriere dich deshalb still auf das, was innen ist, nicht auf das, was außen ist; auf das Subtile, nicht auf das Auffällige. Lasse dich vom Inneren, nicht vom Äußeren leiten, vom inneren Eindruck, nicht von der äußeren Form. Wenn du nur der Form Beachtung schenkst, bleibt dir die innere Tiefe verschlossen.

Lehre, ohne Lob anzunehmen und ohne Furcht vor Tadel. Lasse dich weder durch Beifall noch doch Mißfallen leiten. Lerne, ohne dir einen Vorteil davon zu versprechen. Mäßige das Begehren.

Halte nach dem Einfachen im Komplizierten Ausschau, nach dem Gewöhnlichen im Ungewöhnlichen, nach der Gelassenheit in der Hektik, nach der Leere in der Fülle, nach dem Höchsten im Geringsten.

13. Ungewißheit

Akzeptiere Unwissenheit als das Los des Menschen. Akzeptiere bereitwillig Ungewißheit. Lasse Verwirrtheit zu. Entscheide dich für Richtig oder Falsch, Ja oder Nein, Wahr oder Falsch, und du wirst Schwierigkeiten haben. Der Narr verbirgt sich in der Gewißheit.

Sei dir sicher, werde zuversichtlich, und die ganze Welt wird dich lehren, daß du keinerlei Veranlassung dazu hast. Verzichte auf Gewißheit, und die ganze Welt wird weicher und entgegenkommender. Ungewißheit ist das Sanftwerden, das hilft, einen Weg in der unablässigen allgemeinen Veränderung zu finden.

Gib Gewißheit auf, und das Lernen beginnt. Werde sanft, öffne dich, und lasse dich vom *Tao* lehren.

Um die Welt verstehen zu können, mußt du die Welt aufgeben. Jage sie, und sie entflieht; warte in friedvoller Leere, und sie offenbart sich.

Sei dir nicht sicher über die Ungewißheit.

14. Mit gefülltem Geist leer

Schaue, doch das *Tao* kann nicht gesehen werden ... es ist ohne Form. Höre, doch es kann nicht gehört werden ... es ist ohne Klang. Ergreife die Leere ... sie läßt sich nicht ergreifen. Diese drei sind untrennbar eins.

Das *Tao* ist ein ununterbrochener Faden, der von Nichts zu Nichts verläuft. Versuche herauszufinden, wohin es führt, und du wirst keinen Anfang und kein Ende finden. Versuche festzustellen, wo es ist, und du wirst erkennen, daß es durch begriffliches Denken nicht zu fassen ist und jenseits von Form und jeder Vorstellung liegt. Der Geist, der das *Tao* zu finden versucht, erschöpft sich durch seine eigene Aktivität.

Alles, was gelernt wird, vertieft das Geheimnis des *Tao*. Wer vermag das Ganze in den Teilen zu finden? Auf irgendeine Weise macht jedes Verstehen das *Tao* tiefer und schwerer faßbar.

Mit gefülltem Geist leer und wach, bleibe dem Gewöhnlichen nah. Ohne Anfang oder Ende, fülle dich an mit Leere.

15. Sei die verborgene Quelle

Untersuche das Offensichtliche. Suche das Subtile. Dringe in die Tiefen von allem vor. Sei jenes Geheimnis, das Selbst genannt wird.

Wenn nicht einmal die Tiefen des Selbst verstanden werden können, wie soll dann irgend etwas anderes verstanden werden? Die größten Einsichten beschreiben, vermögen jedoch nicht zu erklären.

Was ist die rechte Art, in diesem unerklärten Alles zu weilen? Wachsam, wie in tosendem Wasser. Wach wie in Gefahr. Höflich wie ein Gast. Nachgiebig wie schmelzendes Eis. Ursprünglich wie unbehauener Stein. Empfänglich wie das Tal.

Warte in innerer Stille, bis die Trübungen des Geistes zu Boden gesunken sind. Wechsle friedvoll von der Ruhe zur Bewegung. Suche ruhig, ohne zu finden. Warte, bis der rechte Zeitpunkt gekommen ist. Sei zufrieden leer.

Sei voll, und alles wird ausgeschlossen. Sei sicher, und alles kommt zum Stillstand.

Sei die verborgene Quelle, verborgen sogar vor dem Selbst.

Nimm dir Zeit, die du für Alles reservierst. Reife zur gegebenen Zeit. Sei ein strömender Fluß, die eilende und gemächliche Bewegung von allem.

16. Das Unveränderliche im Wandel

Im Steigen und Sinken aller Dinge gibt es etwas, das dem Wandel nicht unterworfen ist. Es ist eine Beständigkeit im Unbeständigen, nicht der Wandel, sondern das Wesen des Wandels.

Die äußere Welt scheint im allgemeinen Aufruhr zu steigen und zu sinken, doch ist in jedem ein inneres Etwas, das leer von allem ist, ruhig, still und friedvoll.

In allem ist etwas, das leer und voll ist, etwas, das still und ruhig ist. Wer weiß, was dies ist? Es gehört dazu und doch auch nicht.

Wie können Gedanken, wenn sie so geschäftig und voll von allem sind, so leer und ruhig erscheinen? Die leere Ruhe der Gedanken gleicht der leeren Ruhe des *Tao*.

Finde das Unveränderliche im Wandel, die Ruhe in der Bewegung, die Leere in der Fülle. Finde die Quelle, aus der alles entspringt.

Ein Fehlen der inneren Ruhe wäre katastrophal. Ist sie da, wird alles von Sanftheit durchdrungen, einer Zugehörigkeit in allem, einer Harmonie der Entwicklung, die das Chaos sich selbst verstehen läßt.

17. Nichts wird getan

Versuche, mit Druck zu leiten, und es wird sich Widerstand und später Rebellion erheben. Sei gütig und gerecht, und Respekt und Vertrauen entwickeln sich.

Doch noch höher ist eine unsichtbare Tugend, unfaßbar und unerkannt. Wenn diese geübt wird, bleibt alles ganz. Es kommt nicht zur Abspaltung des einen vom anderen, der Mühe von der Leichtigkeit, der Arbeit vom Spiel. Niemand führt, und niemand folgt. Nichts wird angestrebt, und doch gibt es Geschäftigkeit und Harmonie.

Der Weise, zurückhaltend und wortkarg, bleibt unbemerkt. Doch profitieren auf irgendeine Weise alle von ihm. Wachstum und Reifung geschehen, Stolz und Zufriedenheit entstehen. Statt zu sagen: »Dies ist für uns getan worden«, sagen alle: »*Wir* haben dies getan.« Statt zu sagen: »Man hat uns dies gelehrt«, sagen alle: »*Wir* haben dies gelernt.« Wenn wir etwas als uns eigen ansehen, kann sich keine Ablehnung entwickeln. Ohne Ablehnung kann es keine Rebellion geben. Ohne Rebellion herrscht Friede und ein Zustand tiefer Zuwendung.

Vom ersten Anfang an gab es nie einen Augenblick, in dem Alles sich nicht geschäftig selbst erfüllt hat. Der Weise hindert nicht, was immer gewesen ist. So wird nichts getan, und die Menschen sind erfüllt.

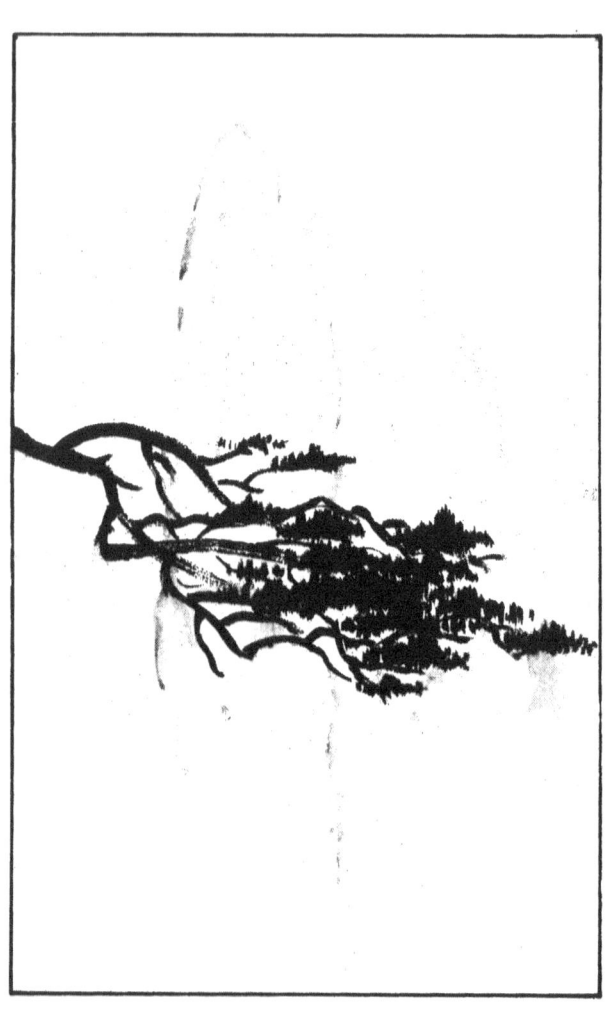

18. Ursprüngliche Tugend

Wende dich vom *Tao* ab, und Moral und Anstand treten auf. Heuchelei und Scheinheiligkeit entstehen durch Gelehrsamkeit und Finesse. Wenn Zwietracht herrscht, wird festgelegt, was rechtschaffen und tugendhaft ist.

Moral, Anstand, Gelehrsamkeit, Finesse, Rechtschaffenheit – dadurch entstehen die Probleme der Welt. Predige Tugend, beharre auf dem Guten, und nur Übles wird entstehen.

In der Tradition der Alten heißt es, daß Denken aus Mißerfolg geboren wird, das Lernen die Waffe des Kampfes ist.

Unter Denken und Verstehen, unter dem Kampf um Richtig und Falsch liegt eine ursprüngliche Tugend verborgen, aus der einfache Harmonie entspringt. Es gibt etwas Leichtes, mit dem Intellekt nicht Faßbares, das im Herzen aller Lebendigkeit pulsiert. Weiche vom *Tao* ab, und Künstlichkeit nimmt ihren Anfang. Finde ohne zu suchen die ursprüngliche Tugend.

19. Zwischen den Gegensätzen

Höre auf, nach Vollkommenheit zu suchen. Höre auf, andere Menschen verbessern zu wollen, und alle werden hundertfachen Nutzen davon haben. Gib alle Ideale auf. Vergiß die Moral. Wenn irgend etwas gehindert wird, so wird es dadurch nur um so interessanter. Höre auf, Anstand zu lehren, und lasse natürliche Regungen aus sich selbst heraus in Erscheinung treten.

Handlungen rufen Reaktionen hervor. Es ist, als ob das Universum pervers wäre. Finde einen Anfang, und ein Ende wird bestimmt werden. Bringe eine Meinung zum Ausdruck, und irgend jemand wird ihr widersprechen. Tue irgend etwas, und plötzlich wird wie durch Magie ein Widerspruch sich manifestieren.

Es gibt einen Weg zwischen den Gegensätzen. Folge diesen Prinzipien: Kehre zur Einfachheit zurück; mäßige das Begehren; verringere die Bedeutung des Selbst; schaue in das Herz der Dinge.

Der Weg des Dazwischen ist ein kunstvolles Gleichgewicht von Tun und Nicht-Tun, von Lernen und Verlernen, von Finden und Verlieren, Füllen und Leeren.

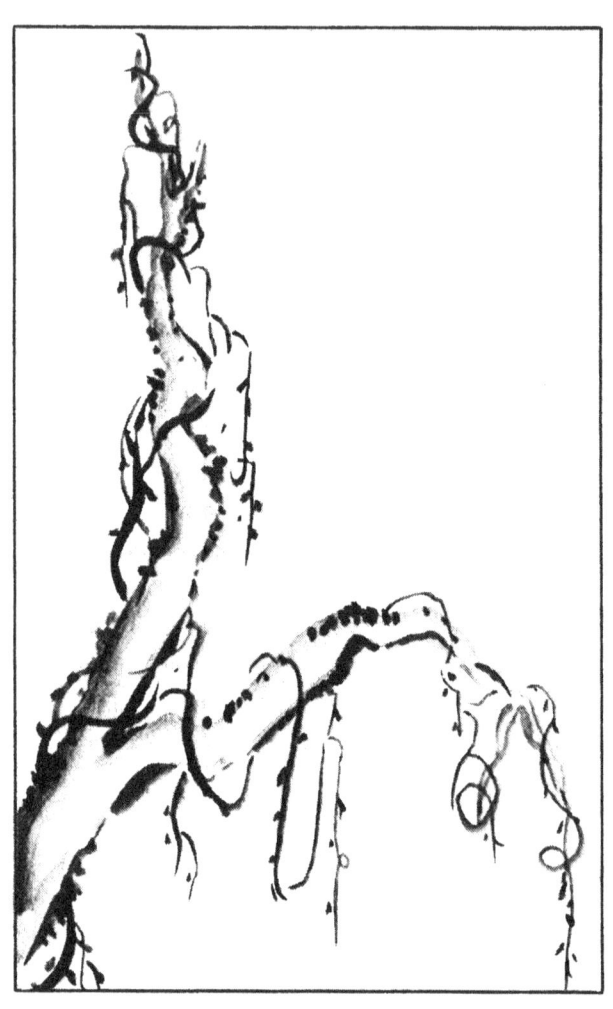

20. Die Heuchelei der Gewißheit

Für den Weisen gibt es nichts, das er mit Sicherheit weiß. Wenn die Heuchelei der Gewißheit aufgegeben wird, ist die Welt ungeteilt und einsam, ein Ort, an dem man sich im Staunen verliert. Wie kann der Weise glauben, was andere glauben, den Anschein ehren, blind verfolgen, was andere verfolgen?

Doch Menschen leben auf in ihren Illusionen. Die Welt wimmelt um den Weisen, der bis in sein innerstes Zentrum hinein nicht weiß. Andere scheinen zu wissen, doch der Weise weiß nicht. Andere sind klar, sicher und zuversichtlich, doch der Weise ist verwirrt und ohne Richtung, ein Narr, in seinen Gedanken und in der Welt verloren.

Andere kümmern sich entschlossen um die Pflichten des Lebens, erfüllen ihre eigenen Bedürfnisse und die der Allgemeinheit. Der Weise jedoch ist dunkel und zurückgezogen, losgelöst und unabhängig, anders. Andere werden durch das Offensichtliche genährt, doch den Weisen nährt das *Tao*.

Frei von der Heuchelei der Gewißheit ist es leicht, mitfühlend zu sein. Deshalb lehrt der Weise mit doppelter Klinge. Diejenigen, die lernen, glauben, das Gewöhnliche zu lernen, das verstanden werden kann, während sie tief in ihrem Inneren das Außergewöhnliche lernen, das jenseits allen Verstehens liegt.

21. Nenne es das *Tao*

Das *Tao* ist schwer faßbar und ungreifbar, dunkel und schattenhaft. Gedanken, die es mit Hilfe von Worten auszudrücken versuchen, nennen es Kraft, Essenz, Vitalität. Wer kann Worten vertrauen, die nichts anderes sind als tastende Versuche des Denkens? Doch existiert von Anfang an etwas Ungreifbares, ein namenloser und undenkbarer Gedanke.

Nenne es *Tao*. Es existierte bereits, als der Anfang sich aus dem dunklen Chaos erhob. Es ist das Etwas im Herzen von allem, das jedes Ding auf seine Weise in Bewegung setzt. Ungreifbar und unfaßbar ist es der undenkbare Gedanke, der sich jedem Denken entzieht, die Quelle tiefsten Vertrauens und Verstehens.

Das *Tao* ist überall, kann jedoch nirgendwo gefunden werden. Suche nach ihm, und es ist auf immer verschwunden. Nicht das Erklärte, ist es das Erklärende; nicht die Antwort, ist es die Frage. Es ist mühelos und überall, weil es in allem ist; es ist verborgen, weil es nicht vermieden werden kann.

Finde es als die Steinheit im Stein, als die Baumheit im Baum, als das Denken im Gedanken. In den Gedanken von Denkern erkennt es sich selbst durch bloßes Denken.

22. Weich werden, um zu wissen

Werde weich, um zu wissen. Werde leer, um zu füllen. Ideale erzeugen Verwirrung. Je größer die Gewißheit, um so geringer das Verstehen.

Wenn diejenigen, die zu wissen glauben, vom Drang zu lehren überwältigt werden, brechen sie die Fülle der Stille, begrenzen das Formlose durch Form und beginnen mit der langen Verhärtung, die aufzuweichen so lange dauert. Verloren in richtig und falsch, ja und nein, ideal und real, wird das *Tao* verfehlt. Ein in sich geteilter Geist kämpft mit sich selbst; Menschen, deren Geist in sich geteilt ist, kämpfen miteinander.

Indem der Weise sanft wird, wird er eins mit allem; durch Ausströmen wird Aufnehmen möglich; Leeren ermöglicht das Füllen, Verlieren das Finden.

Wenn Stolz fehlt, stellt sich Ehre von selbst ein. Wird auf äußeren Glanz verzichtet, so entwickelt sich Respekt. Wird auf Prahlerei verzichtet, so findet Fähigkeit Anerkennung. Ohne Kampf ist der *Weg* leicht. Wenn man auf Streit verzichtet, wird auch niemand anders Streitigkeiten beginnen. Wo nicht konkurriert wird, entsteht keine Konkurrenz.

Bewege dich sanft in dieser Welt, so daß die Dinge so belassen werden, wie sie aus sich selbst heraus sind. Gehe sanft mit allen Menschen um, auf daß du sie nicht in ihrem Wachstum hinderst, das sie zu sich selbst führt.

Wenn der Weise sich allem zuneigt, neigt sich alles dem Weisen zu. So entstehen tiefe Begegnung und Ganzheit.

23. Innere Stille

Stürme dauern nicht ewig; das Ungewöhnliche unterbricht das Gewohnte nur; Extreme stören nur die Alltäglichkeit von allem. Das Unerschöpfliche ist nicht die ursprüngliche Quelle des Wachstums. Tiefe Nährung und Reifung finden im Gewöhnlichen und Harmonischen statt.

Das Tiefgründige und Dauerhafte stellt sich ein, ohne offensichtlich zu werden. Werde deshalb gewöhnlich, sanft und nährend. Dringe in das Herz der Dinge vor. Innere Stille ist größer als äußere Kraft. Verlasse dich auf innere Ganzheit, nicht auf die äußere Erscheinung. Sprich ruhig und einfach. Vertraue, und wecke Vertrauen. Diejenigen, die die ursprüngliche Einfachheit finden, erfüllen selbstlos die ganze Welt.

Komme dann, leer vom Selbst, zum Selbst. Sobald Leere da ist – keine Wünsche, keine Erwartungen, kein Begehren, keine Anhaftungen –, geschieht das Füllen von selbst. Vertraue dem Füllen. Es ist unfehlbar. Es ist überaus gewöhnlich. Von Anfang an hat sich alles darauf verlassen. Bewege dich mit dem *Tao*, und werde eins mit dem *Tao*. Sei tugendhaft, indem du eins wirst mit der ursprünglichen Tugend.

24. In vollkommenem Gleichgewicht fallen

Lernen ist wie Stehen; jenseits der Zehenspitzen gibt es kein Gleichgewicht; jenseits des Erreichens gibt es kein Greifen. Wachsam, mit beiden Füßen geerdet und mit wachem Körper, nimm beide Hälften des Geistes in Besitz, und öffne dich dem inneren Zentrum. Eile, und es wird Verwirrung entstehen.

Diejenigen, die von sich behaupten, sie verstünden, verstehen nicht. Die, die unsicher sind, prahlen.

Wenn ein Gedanke schwer ist, dann denke, bis er leichter wird. Um dich mit dem *Tao* zu bewegen, trage nichts Schweres. Beschränke dich auf das Wesentliche. Vertraue auf das Finden, nicht auf das Gefundene. Sei bescheiden vor allem Bekannten und vor allem, was noch nicht bekannt ist. Um zu lernen und zu lehren, sei leicht und offen und im Gleichgewicht.

Es gibt nichts zu kennen außer dem bereits Bekannten. Alles, was gewußt werden kann, ist bereits da. Was als nächstes zu wissen wichtig ist, stellt sich von selbst ein.

Sei geduldig mit dem, was bekannt ist; erwartet nicht, was als nächstes gewußt werden sollte. Suche, ohne vorwegzunehmen; empfange, was sich manifestiert. Sei präsent, ohne dich einzumischen. Sei immer auf der Schneide dieses Gewußten, und falle in vollkommenem Gleichgewicht in die Stille des nächsten Gewußten.

25. Der Weg von allem

Der Anfang wird Große Mutter genannt. Wenn die Große Mutter benannt ist, sucht das Denken nach dem Anfang des Anfangs, bis es Stille und Leere gegenübersteht. Verwirrt hält es inne. Denken kann nicht erkennen, was nicht mit ihm selbst identisch ist.

Stille und Leere folgen allem Denken mit trostbringender Ruhe. Jeder Gedanke, der gedacht wird, schwebt in leerer Stille. Der Anfang des Anfangs macht das Suchen sanfter.

Diejenigen, die nicht sagen, sie wüßten nicht, sind dem Anfang des Anfangs näher als diejenigen, die sagen, sie wüßten. Wer kann wissen, was vor dem Denken war außer denjenigen, die angefüllt sind mit Leere und leeren Gedanken? Jeder Name ist ungeeignet, das zu benennen, was vor allen Namen war; jeder Gedanke ist falsch, wenn es darum geht, das zu denken, was vor den Gedanken war.

Jenseits aller Namen und Gedanken ist die widerhallende Stille und die formlose Leere, die weder der Benennung noch des Denkens oder Handelns bedarf. Sie tut nicht das Geringste, sie wirkt, als sei sie nichts, doch eben deshalb ist alles genau so, wie es ist. Dies wird *Tao* genannt. Jedes Ding, das seinen eigenen Weg geht, ist, wie alles ist.

26. Leer und wachsam

So wie die Quelle des Lichts dunkel und Ruhe der Ursprung der Bewegung ist, ist Gelassenheit der Anfang der Ruhelosigkeit. Halte dich deshalb trotz des Bekannten an das Unbekannte; sei trotz aller Gewißheit scharfsichtig und aufmerksam, leer und empfänglich.

Wird nur im Licht gesucht, so wird die dunkle Quelle übersehen. Gibt es nur Bewegung, so bleibt der ruhige Ursprung unbemerkt. Bist du nur voll, so geht das leere Zentrum verloren. Wisse, und du wirst vom tiefen Geheimnis getrennt.

Wenn das Denken zu voll ist für Verstehen, so denke mit Leere. Zuerst leere dich von Gedanken. Kehre zur Leere und Wachsamkeit zurück. Am Anfang entstand alles aus erwartender Leere. So wie das *Tao* sich aus der Leere erhebt, sei dort, am Anfang. So wie alles auf die ihm gemäße Art zusammen in Erscheinung trat, treten Wissender und Wissen zusammen als Verstehen in Erscheinung.

27. Unbemerkt bleiben

Es gibt eine Möglichkeit, in dieser Welt unbemerkt zu bleiben: Keine Fußspuren und keine Fehler, alles passend und am richtigen Platz. Wenn man sich mit dem *Tao* bewegt, wird nichts getan, und die Dinge erfüllen sich selbst. So strengt der Weise sich nicht an, doch er vernachlässigt auch nichts und läßt niemanden im Stich.

Es gibt eine besondere Art des Denkens und Handelns, die mit dem Geschehen der Dinge aus sich selbst heraus fließt. Das Tiefe, Subtile und Innere von allem kennt das *Tao*. Das innere *Tao* ist das äußere *Tao*. Finde inneren Einklang, und äußerer Einklang stellt sich von selbst ein.

Beginne bei dir selbst. Diszipliniere dich selbst, bevor du versuchst, andere zu disziplinieren. Meistere dich selbst, bevor du versuchst, der Meister anderer zu sein. Kenne das innere Zentrum. Statt das Äußere zu verändern, verändere zuerst das Innere; dann wird sich alles verändern.

So lehrt der Weise, ohne zu lehren, und Menschen lernen, ohne zu lernen. Dinge verändern sich ohne Aufwendung von Mühe. Warmherzigkeit nährt sich selbst. Intelligenz und Diskretion nähren sich selbst. Dann werden unbemerkt Respekt und Ehre gefördert, und Harmonie entsteht von selbst.

28. Der leichte Weg abwärts

Sei dir der Stärke des Männlichen bewußt, doch halte dich an die Sorgsamkeit des Weiblichen. Sei der freie und gebändigte Fluß des Tals, der sanft abwärts, dem Ursprung entgegenströmt.

Kultiviere das Licht des Bekannten, doch würdige das Dunkel des Unbekannten. Ohne den geringsten Makel, im Verborgenen bleibend, sei ein Beispiel für die ganze Welt.

Respektiere die Hochgestellten, doch achte die Demut der Niederen. Ehre das Denken, doch orientiere dich am gedankenfreien Anfang.

Halte fest, während du losläßt. Fülle, während du leerst. Sei stolz und demütig, entschlossen und nachgiebig. Sei sicher, und bleibe doch der Unsicherheit treu.

Fließe vom Bekannten zum Unbekannten. Während dein Geist sich füllt und leert, werde zum dunklen Mysterium. Mit leerem Geist, umarme die Vollheit. Ruhe voll von Leere, leer von Vollheit.

29. Das Herz des Tuns

Gedanken können das Universum nicht ordnen. Jeder Gedanke hat seine Zuordnung, doch wahres Wissen unterscheidet sich von Gedanken. Das Ganze läßt sich nicht vereinfachen. Das *Tao* entzieht sich der Erklärung. Wenn du es zu erfassen versuchst, indem du es unterteilst, verschwindet es. Antworten sind immer falsch, weil das Herz von allem alles ist.

Das Herz des Wissens ist, das Herz der Dinge zu kennen. Das Herz des Tuns ist, mit dem Herz der Dinge in Einklang zu stehen. Das Herz der Dinge hat seine eigene Weisheit. Diese ehrt der Weise, indem er Extreme und Selbstzufriedenheit vermeidet.

Was ist das Herz der Dinge? Manchmal ist es schnell, manchmal langsam. Manchmal führt es, manchmal folgt es. Manchmal ist es fest, manchmal nachgiebig. Manchmal ist es oben, manchmal unten. Manchmal wächst es, manchmal verfällt es. Das Herz des Tuns ist das Tun von allem.

Wenn das selbstlose Selbst in das Herz der Dinge eintritt, ist dies das Herz des Tuns.

30. Verstehen durch Folgen

Im Königreich des Denkens läßt sich nichts gewaltsam erreichen. Wenn du drängst, stolpern die Gedanken über sich selbst. Probiere aus, und Verwirrung entsteht. Suche und kämpfe, und du wirst nichts anders finden als Suchen und Kämpfen. Ebenso wie Fließen mit dem Tao stellt sich auch Verstehen von selbst ein.

Die Vorbereitung auf das, was von selbst eintritt, wird Lernen genannt. Konzentriere dich darauf zu lernen, und Erfolg wird sich einstellen. Am Verstehen zu arbeiten bringt Mißerfolg.

Alles Lernen ist Lernen durch Folgen. Lerne sanft und sorgfältig, damit das Folgen nicht gestört wird. Lerne voller Zorn, und das Folgen erzeugt Furcht; lerne mit Furcht, und das Folgen erzeugt Zorn.

Um zu verstehen, lerne, und dann vergiß das Lernen. Lasse los, und vertraue. Verstehen stellt sich ohne Mühe ein. Es wird nicht erworben, sondern geschieht.

Staune, werde sanft, und öffne dich. Überlasse dem Verstehen die Führung. Dies wird »Verstehen durch Folgen« genannt. Lasse sanft und vorsichtig los, so daß das Folgen nicht gestört wird.

Verstehen läßt sich nicht durch das Selbst kontrollieren. Lerne zu verstehen, indem du lernst, selbstlos zu sein.

Verstehen ist Denken, das frei ist vom Ich und sich unbelastet in der leeren Vollheit des Tao bewegt.

31. Ein scharfer Geist

So wie ein scharfes Schwert ist ein scharfer Geist ein Werkzeug des Staunens und der Furcht. Benutze ihn nicht als Waffe. Harmonie und Gleichmut sind wichtiger als Schlauheit und Sieg. Wo ein Sieg ist, ist auch eine Niederlage, und eine Niederlage ist kein Grund zur Freude.

Ein Schwert kann sich nicht selbst schneiden. Welchen Wert hat der schärfste Geist, wenn er sich nicht selbst kennen kann? Worin besteht der Sieg eines scharfen Geistes, wenn all sein Schneiden lediglich kümmerlichen Geist enthüllt.

Geist kann nicht Objekt des Geistes sein, weil Denken kein Objekt des Denkens sein kann. In dem Bemühen, sich selbst zu schneiden, nennt das Denken sich selbst Geist. Doch Worte halten nur sich selbst zum Narren. Gedanken, die den Anfang allen Denkens suchen, finden lediglich Gedanken, die Gedanken suchen.

Schon die Empfängnis verurteilt das Kind im Mutterschoß zum Tode. Das Entstehen eines Gedanken im Geist kündigt sein Vergehen an; die Entstehung einer Vorstellung schon beinhaltet, daß sie falsch ist. Dies ist der scharfe Geist, der den scharfen Geist besiegt.

Halte den scharfen Geist starr, und er wird sich für immer im Kampf gegen sich selbst verlieren. Ein flexibler Geist, der biegsam und nachgiebig ist, schneidet sich von sich selbst ab, und er kennt sich, ohne auf sich selbst zurückzugreifen.

32. Abwärts denken

Obgleich es *Tao* genannt wird, ist es immer namenlos. Gedanken benennen nur mit Worten, der Geist denkt nur mit Gedanken. Das *Tao* ist jedoch etwas anderes, etwas Ursprüngliches, weder Worte noch Gedanken. Wer weiß, was es ist? Es ist im kleinsten Teil von Dingen, im größten Ganzen von Dingen.

Wenn das Ganze geteilt worden und damit verschwunden ist, gibt man den Teilen Namen. Wenn die Namen und Teile verlorengegangen sind, stellt sich das Ganze wieder ein.

Es ist, als wären alle Teile des Ganzen Flüsse, die zum Meer strömen. Denke abwärts. Bewege dich mit dem Fluß über Worte und Gedanken hinaus auf die große vermischende Quelle zu.

Weder Teile noch Ganzes, ist das *Tao* der Abwärtsfluß der Dinge. Werde zum Weg von allem, und bewege dich.

33. Wenn du denkst, denke für alles

Andere zu kennen wird Verstehen genannt. Sich selbst zu kennen wird Weisheit genannt. Vielleicht kann Zwang andere bezwingen, doch nur Stärke vermag uns selbst zu meistern.

Suche selbstlos das Selbst, und alle Geheimnisse anderer werden sich offenbaren. Die tiefste Tiefe des Selbst ist die tiefste Tiefe anderer. Das Selbst zu kennen bedeutet, andere zu kennen. Der innere Weg ist der äußere Weg.

Wenn der innere Weg der Weg von allem wird, so ist dies der Weg des *Tao*. Sei abgetrennt, und Trennung manifestiert sich; sei eins, und das *Tao* ist.

Denke in Ganzheit, empfinde in Ganzheit, bewege dich in Ganzheit. Wenn du denkst, denke für alles; wenn du handelst, handle für alles. Wenn du mit allem eins bist, bewegt sich alles auf Harmonie und Einklang zu.

Zuerst habe die Kraft, dir selbst zu begegnen; dann habe die Kraft, das Selbst loszulassen.

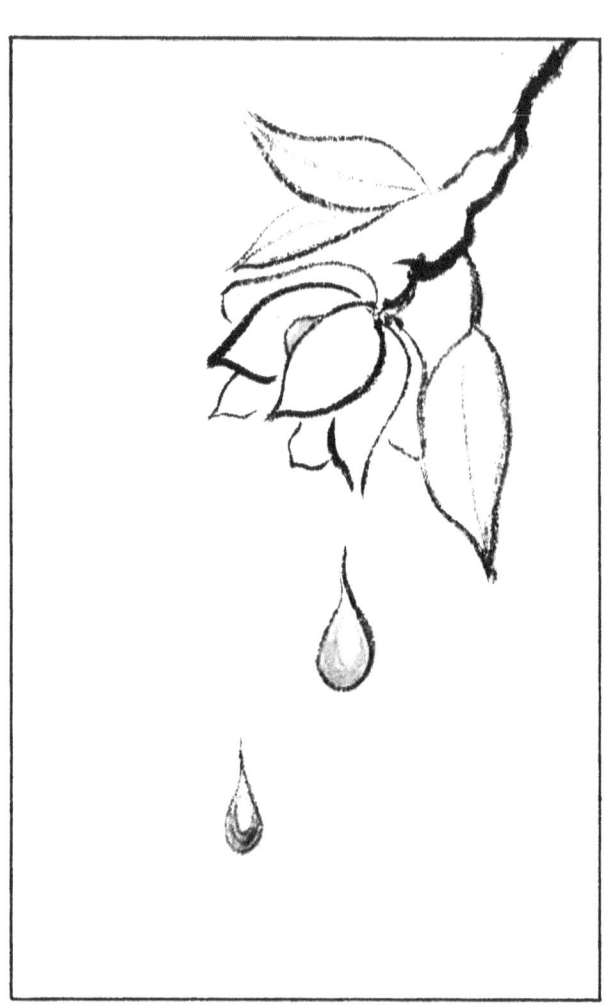

34. Großes Tun

Das *Tao* ist überall. Alles hängt von ihm ab. Es leugnet nichts, beansprucht aber auch nichts. Es ist ohne Ziel, klein und machtlos. Es fordert nichts und ist doch so groß, daß es alles nährt. Es ist sogar noch größer, weil es nicht groß ist. Deshalb verändert sich alles, und gleichzeitig verändert sich nichts.

Kleines Denken kämpft, um die Welt durch kleines Tun zu verändern, und deshalb setzt sich die Welt zur Wehr. Kleines Denken versucht und plant, beharrt und leugnet. Trotz all seiner Bemühungen wird nichts verbessert; trotz all seiner guten Absichten werden die Dinge nur noch schwieriger gemacht.

Großes Tun läßt die Welt sich selbst tun. Wie das *Tao* hindert es nichts. Wenn nichts versucht, richtig zu sein, kann es kein Falsch geben; wenn um nichts gebeten wird, wird alles geschenkt.

Großes Tun bleibt unbemerkt. Es ist bescheiden und ohne fixierte Absicht; deshalb stimmt alles mit ihm überein. Da es nicht versucht, weise zu sein, wird alles von ihm geführt, und da es nicht eingreift, folgt ihm alles.

35. Ehre Nichts und Alles

Iß und höre und genieße. Liebe und feiere inmitten des Vorüberziehens von allem.
 Warum scheint es inmitten des Vorüberziehens von allem, daß es etwas gibt, das *nicht* vorüberzieht? Weil alles vorüberzieht. Warum scheint es, als ob etwas sich nicht verändern würde? Weil alles sich verändert. Inmitten allen Vorüberziehens und Sich-Veränderns scheint etwas unverändert zu bleiben. Wie kann man inmitten des allgemeinen Sich-Veränderns das Unveränderliche finden? Weil viele da sind, scheint eines da zu sein. Weil alles da ist, scheint nichts da zu sein. Wenn viele und eines da ist, warum kann dann nichts gefunden werden? Wer weiß, ob es das *Tao* gibt oder nicht? Wer weiß, ob es etwas oder nichts ist? Auch ohne Substanz scheint es etwas zu sein, das mit einem Namen benannt wird. Wer weiß, was es ist oder auch nur *ob* es ist? Auch wenn Menschen sich so verhalten, als ob es etwas wäre, wer kann sicher wissen, ob das zutrifft? Als Etwas ist es ungreifbar; als Nichts ist es unerschöpflich. Inmitten der allgemeinen Veränderung verlassen sich die Menschen darauf, um Frieden und Ruhe zu finden. Vermag nur tiefe Verwirrung tiefe Gewißheit hervorzurufen?
 Geehrt sei der Mensch, der das Unveränderliche im Sich-Verändernden findet, das Eine in den Vielen, das Nichts im Alles.
 Halte dich an das Vorüberziehende. Weile im Sich-Verändernden. Sei gewiß und bereit zu fragen. Umarme alles und eins. Ehre nichts und alles.

36. Ein verheißungsvoller Anfang

Das Prinzip ist einfach: Aus einem geht ein weiteres hervor. Deshalb müssen, bevor Meisterschaft erreicht werden kann, Irrtümer sich manifestieren; bevor Wissen entstehen kann, muß Unwissenheit bestehen; bevor Verstehen sich entwickeln kann, muß Verwirrung da sein; bevor Weisheit in Erscheinung treten kann, muß Torheit herrschen.

Deshalb benutzt der Weise Irrtümer, um Meisterschaft zu erlangen; er umarmt Unwissenheit, um Wissen zu erlangen; er kultiviert Verwirrung, um zu Verstehen zu gelangen; er huldigt der Torheit, um Weisheit zu finden.

Für den Weisen ist Verlieren Erwerben, Leeren Füllen. Er heißt Verwirrung und Torheit willkommen. Unwissenheit und Irrtümer sind ein verheißungsvoller Anfang.

37. Das Wesen der Dinge

Probleme entstehen durch Menschen, die glauben, intelligent genug zu sein, um Dinge verbessern zu können. Sie versuchen es, und wenn sie auf Widerstand stoßen, versuchen sie ihr Ziel mit Gewalt zu erzwingen. Sie werden immer zudringlicher, bis sie in Kampf und Zwietracht ihre ursprünglichen Absichten aus dem Auge verloren haben. Schlauheit und Einfallsreichtum machen die Situation nur noch schwieriger.

Gehe sanft mit der Welt um. Stelle der Kleinheit dessen, was bekannt ist, die Größe dessen, was nicht bekannt ist, zur Seite. Verstehe mit Bescheidenheit. Ehre, was bekannt ist, und noch mehr, was nicht bekannt ist.

Vertraue dem natürlichen Lauf der Dinge. Gewöhnliche Einfachheit ist unfehlbar.

Lasse jeden seinen eigenen Weg finden. Lehre widerwillig. Ein und dasselbe Geheimnis stellt sich für jeden anders dar. Sprich zu niemandem, doch halte nichts geheim.

Ein Leben ist begrenzt, jedoch nicht das Mysterium eines Lebens. Was für eine Torheit ist es da, wenn man versucht, das Grenzenlose im Begrenzten einzufangen. Wie überheblich, zu verstehen! Verstehen sollte daher nicht dem Wesen der Dinge im Wege stehen.

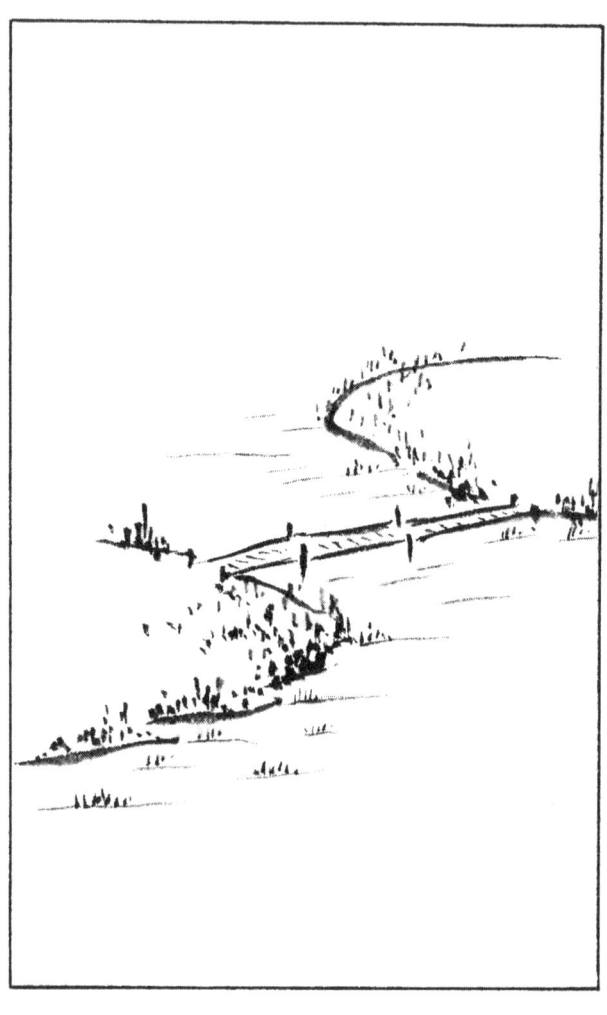

38. Vor den Unterschieden

Bei tiefgründigem Lernen besteht kein Bewußtsein von Denken und Handeln. Versuchst du zu lernen, wird tiefes Lernen unmöglich. Die beste Art zu lernen scheint mühelos, und doch wird alles gelernt. Lehrer, Lernender und Gegenstand des Lernens sind eins. Im schlimmsten Fall kämpfen Lehrer und Lernender; dann wird nichts gelehrt und nicht gelernt.

Wenn ein großer Lehrer spricht, werden alle Zuhörer durch stilles Einssein verändert. Wenn ein törichter Lehrer spricht, sind die Worte weit entfernt. Durch Zwang und Disziplin wird dann versucht, die Worte näherzubringen.

Denken wird durch Mißerfolg aktiviert. Lernen wird aus Kampf geboren. Wenn das *Tao* verloren ist, treten Lehrer und Lernende auf, ebenso Wissen und Unwissenheit; richtig und falsch werden dann gelehrt, Moral wird gepredigt, Gut wird von Schlecht unterschieden, und die Welt wird in Kategorien unterteilt.

Das Weise kehrt zum Ursprung zurück, dem Anfang vor allen Unterscheidungen. Ohne Unterscheidungen wird das *Tao* unbemerkt geübt.

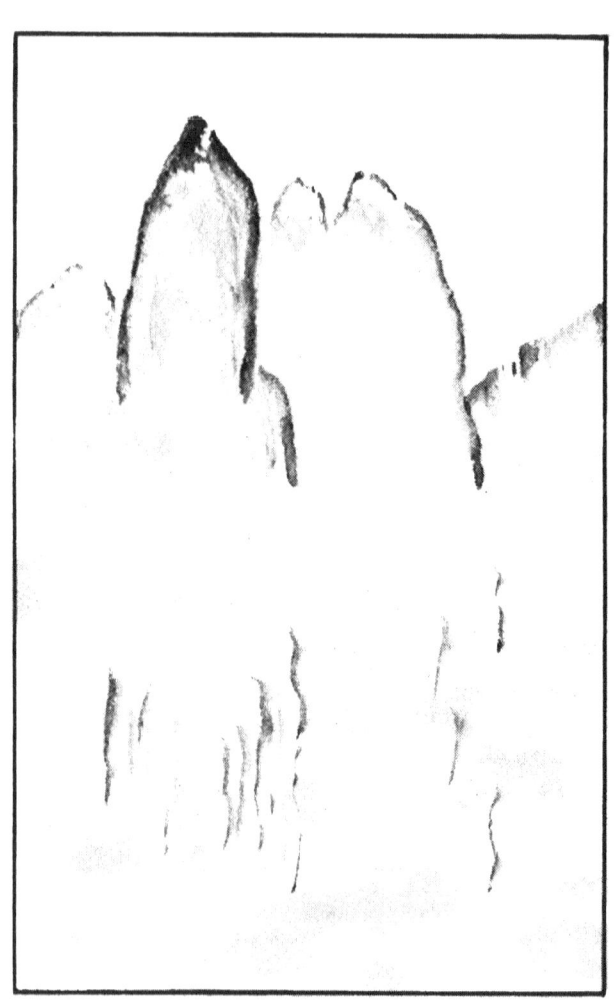

39. Die Demut des Staunens

Aufgrund von Einssein ist Luft klar, Erde fest, Täler sind empfänglich, Flüsse fließen, und alles ist ganz und lebendig.

Klar und fest, empfänglich und fließend, lebendig und ganz ... Dies sind die Tugenden des Einsseins.

Alles kommt vom Ursprung; das Höchste entspringt aus dem Niedrigsten. Beginne deshalb mit dem Geheimnis des Offensichtlichen, mit dem zutiefst Gewöhnlichen und mit der Unerklärlichkeit des Einfachen.

Verstehen wird so lange nicht zu Staunen, bis das Einfachste und das Niedrigste als erstaunlich erfahren werden. Ohne Staunen ist Verstehen nicht lebendig. Solange es nicht lebendig ist, vermag es das tiefste Zentrum nicht zu erreichen; es wird gedacht, jedoch nicht verstanden.

Zu verstehen bedeutet, nicht zu wissen, woran man ist, verwirrt und überwältigt zu sein. Verstehen ist die Demut des Staunens.

So wird das Einfache, das Gewöhnliche, das Offensichtliche geehrt und gewürdigt. Und Stolz, Eitelkeit und Selbstverherrlichung von Menschen wird als Torheit angesehen, die das *Tao* trübt und die Rückkehr des Staunens verhindert.

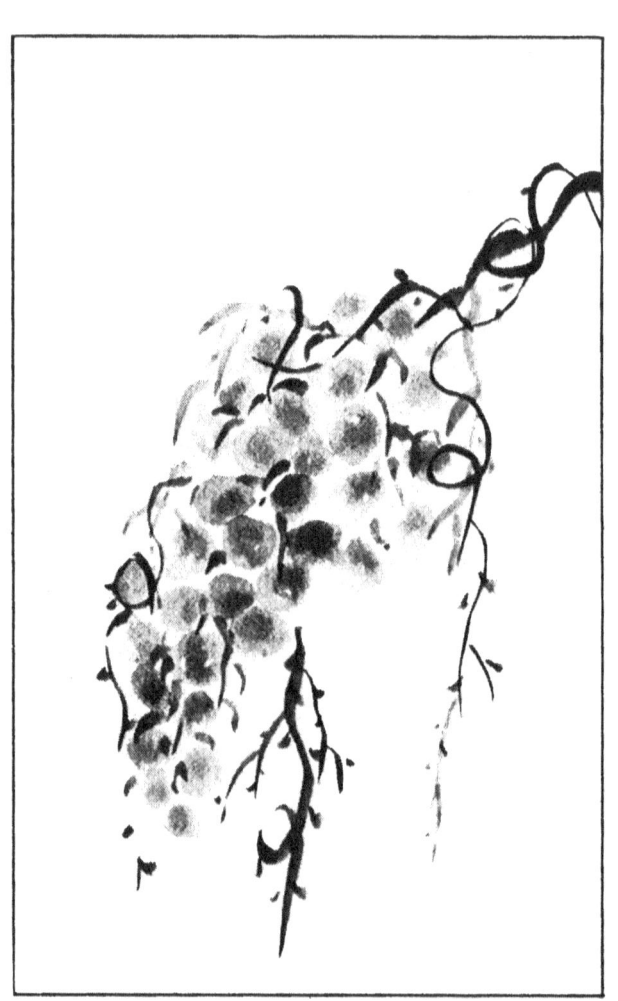

40. Selbstlos die Welt denken

Wo ist das *Tao*? Es ist vor dem Denken, vor der Tugend, vor den Unterscheidungen, vor Geburt und Tod. Es ist unerreichbar und doch stets gegenwärtig.

Alles Verstehen ist ein allmähliches Nachgeben in Richtung *Tao*. Fragen und Antworten sind das erste Nachgeben. Die Antwort lautet, daß es keine Antworten gibt. Alle Fragen sind falsch. Man wird nie zu richtigen Antworten gelangen können, indem man mit falschen Fragen kämpft. Richtige Antworten zu finden bedeutet, daß man das *Tao* verfehlt.

Denke völlig bewußt ohne Gedanken; erwarte ohne Erwartungen. Staune, aber sei nicht überrascht. Nimm die Form von allem an. Dies ist die Art, selbstlos die Welt zu denken.

Doch wenn der harte Kampf des Selbst gewählt wird, so halte das Gleichgewicht sowohl mit dem Fuß, der vorrückt, als auch mit dem Fuß, der zurückweicht. Verstehe, daß Zurückweichen nicht rückwärts geht, und Vorrücken nicht vorwärts führt. Dann wird der *Weg* näher sein als das Selbst, und der Kampf wird nachlassen.

41. In das Lachen des Narren eintreten

Wenn die Weisen vom *Tao* hören, erkennen sie es. Wenn gewöhnliche Menschen vom *Tao* hören, grübeln sie darüber. Wenn die Narren vom *Tao* hören, lachen sie. Ohne jenes Lachen wäre das *Tao* nicht das *Tao*.

Wie das *Tao* erscheint Wissen wie ein Widerspruch; sein Licht verweilt in Dunkelheit, seine Leichtigkeit wird durch Mühe erlangt, seine Reinheit ist frei von Idealen, seine Klarheit unsichtbar. Es kann sich nicht selbst kennen. Auch wenn es gefunden wird, ist es formlos, verborgen und namenlos. Es zu finden scheint, als würde man es verlieren. Ruhend nährt und erfüllt es.

Wissen ist nie wirklich Wissen. Es entflieht sich selbst immer wieder. Wissen wirkt wie Unwissenheit. Es zu finden bedeutet, es zu verlieren, so wie wenn man in das Lachen des Narren eintritt.

42. Das Denken von allem

Am Anfang des Anfangs war nichts. Am Anfang wurde nichts eins. Dann wurde Eins zu Zwei, und aus Zwei wurde Drei, und aus Drei wurde alles. Das *Tao* war von Anfang an.

Vom Anfang des Denkens an hat das Denken Unterscheidungen erzeugt. Wessen Denken kann diese rückgängig machen? Was soll mit den Teilen und Gegensätzen von allem geschehen: mit dem Richtig und Falsch, Oben und Unten, Jetzt und Damals, Gut und Schlecht, Hier und Dort? Löse das Dilemma auf, das geschaffen worden ist. Gib Unterscheidungen auf. Kehre zum *Tao* zurück. Fülle dich, indem du verlierst; gewinne, indem du leerst.

Versuche, vom Ende zum Anfang zu verstehen, was vom Anfang bis zum Ende geschehen ist, und es wird Verwirrung entstehen. Nur das *Tao* ist der Anfang und das Ende. Leere, und kehre zum *Tao* zurück. Beginne mit nichts. Dann werde Eins und Zwei und Drei.

Kehre zum Anfang zurück, und bewege dich mit dem *Tao*. Darin liegt das Denken von allem.

43. Sanftes Denken ... sanftes Handeln

Sanftes Denken überwindet die schwierigsten Fragen. Nur das, was die Gestalt von allem annimmt, vermag alles zu umfassen. Nur das Formlose enthält alle Form.

Sprich, und es entsteht Verwirrung; versuche, und es entsteht Kampf. Wenn Denken durch Worte begrenzt wird, denke ohne Worte. Sprich mit Worten, doch denke mit Schweigen; tue, ohne zu versuchen; handle ohne Absicht.

Begegne dem Wandel von allem mit Wandel. Dies wird sanftes Begegnen genannt. So wird es leicht, den rechten Zeitpunkt zu finden. Inneres und Äußeres treten eins aus dem anderen in Erscheinung; das Überraschende ist vertraut.

Beim sanften Begegnen gibt es keinen Unterschied zwischen diesem und jenem, hier und dort, selbst und anderem, Mühe und Leichtigkeit. Kein Versuchen, und deshalb auch kein Versagen. Keine Probleme, und deshalb auch kein Kämpfen. Dies wird sanftes Handeln genannt.

44. Leichtigkeit und Spiel

Was wird mehr geschätzt, Ansehen oder Weisheit? Was ist zuverlässiger, Erscheinung oder Substanz? Wähle zwischen Gewißheit und Unsicherheit, zwischen Folgerichtigkeit und Verstehen.

Verlasse dich auf Gewißheit, Ansehen und Folgerichtigkeit, und du zahlst einen hohen Preis. Halte fest an Wahrheiten, und es werdem sich Brüche zeigen. Orientiere dich an Idealen, erfinde das Hohe und Heilige, und unendliche Schwierigkeiten werden entstehen.

Das *Tao* ist weit genug, um Widersprüche umfassen zu können, befriedigend genug, um Unannehmlichkeiten ertragen zu können, tief genug für das Niedrigste.

Offen für alles, halte an nichts fest. Ohne Vorbereitung, sei bereit zu allem. Lasse los, und verändere dich inmitten der allgemeinen Veränderung. Tiefe Übereinstimmung entsteht durch Loslassen.

In allem Wandel ist etwas Unveränderliches enthalten. Wie können Wandel und Unveränderlichkeit nebeneinander bestehen? Leichtigkeit und Spiel weisen den Weg.

45. Wissender, Wissen und Unbekanntes

In der Vollkommenheit ist die Unvollkommenheit enthalten, was sie unendlich nützlich macht. Strengstes Denken schweift ab. Schärfste Intelligenz erscheint töricht. Feinsinnigste Worte ergeben keinen Sinn. Wissen ist eine unerschöpfliche Leere. Das Unbekannte überwindet das Bekannte. Einfachheit überwindet Verwirrung. Schweigen und Ruhe ordnen den rastlosen Wandel von allem.

Vertraue dem Veränderlichen im Wandel. Vertraue darauf, daß das Unvollkommene das Vollkommene belebt. Vertraue der Fülle in der Leere, dem Umherschweifen in der Direktheit, der Weisheit in der Torheit, dem Sinn im Unsinn.

Vertraue dem Unbekannten. Wenn man dem Unbekannten nicht vertraut, kann man auch dem Wissen und dem Wissenden nicht vertrauen.

Wissender, Wissen und Unbekanntes sind ein und dasselbe. Jeder Mensch ist das lebendige Wissen, das sich selbst nicht zu finden vermag, weil es vom Ungewußten getrennt ist. Wissender und Ungewußtes sind das gleiche Geheimnis. Gehe also sanft mit allem, was gewußt ist, und allem, was ungewußt ist, um.

46. Der natürliche Lauf der Dinge

Wenn das *Tao* geübt wird, werden die Menschen genährt, und das Denken bleibt unbemerkt. Das Gewöhnliche wird geehrt, das Alltägliche wird bereichert, und das Einfache wird tiefgründig.

Wenn das *Tao* nicht geübt wird, werden Denker geehrt, und Menschen sind verdächtig. Einfachheit geht verloren, und Denken wird benutzt, um zu unterdrücken und zu manipulieren.

Weiche vom *Tao* ab, und Denker werden zu Werkzeugen und Opfern von anderen. Dann wird Vergnügen kultiviert. Die Welt wird ernst und schwer. Was Menschen denken, wird dann wichtiger als der Wechsel der Jahreszeiten.

Unwissenheit ist ein Unglück. Torheit ist ein Fluch. Doch das größte Unglück von allen ist, wenn Denken als Macht benutzt wird. Lerne ein wenig, und lasse dich beeinflussen. Lerne ein wenig mehr, und gewinne selbst Einfluß. Dann lerne genug, um die Dinge ihren natürlichen Lauf nehmen zu lassen.

47. Der Anfang im Inneren

Suche an fernen Orten nach dem *Tao*, doch ist es von Anfang an innen gewesen. Es ist das Suchen im Suchenden. Denke mit allen Gedanken, fühle mit allen Gefühlen. Öffne dich zutiefst; finde sanft die Selbstlosigkeit. Leere das Selbst in das Selbst, um zu verstehen, und dann leere das Selbst vom Selbst, um das *Tao* zu finden. So entsteht Sehen ohne zu schauen, Verstehen ohne zu denken, Tun ohne Mühe.

Um zu verstehen, werde selbstlos zum Gewöhnlichen. Es vermag genug zu lehren. Lerne sanft vom Einfachen. Hochgelehrsames Lernen verwirrt nur. Bewege dich nicht weiter als bis zum Allgemeinen. Lerne vom Erdboden und vom Gras, von den Bäumen und von der Luft, und vom Lauf des Wassers.

Lebe im Allgemeinen, im Einfachen, im Gewöhnlichen. Meistere diese, indem du sie Meister sein läßt. Überlasse hohe Gelehrsamkeit denen, die ihren Weg verlieren wollen. Das Beste, was hohe Gelehrsamkeit zu bewirken vermag, ist, in die Irre zu führen.

Wenn du dich verirrt hast, kehre zum Anfang zurück. Sich zu verirren ermöglicht, den Anfang im Inneren zu finden.

48. Von Fragen leer

Lernen besteht im Füllen. Das *Tao* zu finden besteht darin zu leeren. An jedem Tag, an dem etwas gefunden wird, rückt das *Tao* in weitere Ferne; an jedem Tag, an dem etwas verloren geht, rückt das *Tao* näher.

Statt dich mit Fragen anzufüllen, leere dich von Fragen. Höre nicht auf, dich zu leeren. Fragen schränken Antworten ein. Wenn keine Fragen mehr vorhanden sind, werden die Antworten nicht mehr durch sie eingeschränkt.

Um alles zu kontrollieren, lasse alles seinen eigenen Lauf nehmen; man kann Dinge nicht kontrollieren, indem man sich in sie einmischt.

Ein eigennütziges Streben, und Verwirrung entsteht; ein persönlicher Gedanke, und Unwissenheit entsteht. Um alles zu verstehen, sei leer von allem.

49. Der Weise

Der Weise handelt, ohne zu wissen, führt, ohne zu kontrollieren, leitet ohne Gewißheiten, hinterfragt, ohne Antworten zu erwarten, lehrt ohne Wahrheiten, stimmt sich ohne zu denken auf die Gedanken anderer ein.

Wenn Urteilen unterbleibt, werden die Unwissenden erfüllt, die Lernenden gelehrt, die Suchenden ermutigt, die Verirrten geleitet, wird den Törichten geholfen.

Der Weise vertraut der inneren Tugend von allem, er vertraut dem Strom der Weisheit von Voll zu Leer. Diejenigen, die sich füllen, füllt der Weise, um das Leeren vorzubereiten; diejenigen, die voll sind, öffnet der Weise weit, damit das Leeren beginnt.

Der Welt gegenüber ist der Weise bescheiden und scheu, er wirkt verwirrend und bleibt unauffällig. Obgleich die Menschen keine Antworten erhalten, werden sie erfüllt.

50. Tod lehrt

In alten Zeiten sagte man, der Weise könne seines Weges gehen, ohne das Horn des Rhinozerosses oder die Pranken des Tigers fürchten zu müssen, weil bei ihm kein Raum vorhanden sei, in den der Tod eindringen könne.

Nicht einmal die Weisen alter Zeiten waren unsterblich. Sterben folgt stets dem Leben. Doch zwischen Geburt und Tod gibt es eine Art, sich leicht zu bewegen, die vom *Tao* geleitet wird.

Wenn das *Tao* der Form von Worten zu entsprechen vermöchte, würden nur die wenigen es verstehen, die Worten zuhören. Da es jedoch nicht in Worte gefaßt werden kann, wird es nur von den wenigen gefunden, die der Stille zu lauschen vermögen. Stille vermag zu hören, wer alles Erlernte verlernt.

Verlernen ist unmöglich, wenn Angst vor Fehlern besteht; Leeren ist unmöglich, wenn Angst vor Verlust vorhanden ist; Loslassen ist unmöglich, wenn man Angst vor dem Sterben hat. Wenn man frei ist von Gedanken an Fehler, Verlieren und Sterben, stellt sich von selbst ein besonderes Verstehen ein.

Geburt lehrt, daß nur dem Körper Zutritt zur Welt gewährt wird. Tod lehrt, daß es nicht einmal dem Körper gestattet wird, die Welt zu verlassen. Sterben vor dem Tode bedeutet, eine ganz spezielle Balance zwischen Anfang und Ende zu schaffen. Deshalb heißt es: Leere, um zu füllen; verliere, um zu erlangen; stirb, um zu leben.

51. Erstes Zugehören

Vom ersten Augenblick des Anfangens, vom ersten Erscheinen von allem an, ist alles von Zugehörigkeit erfüllt. Jedes Ding tritt als es selbst aus allen anderen Dingen in Erscheinung; deshalb ist in allem Zugehörigkeit enthalten. Doch Menschen vergessen in ihrer Eigenwilligkeit, daß durch ihren Anfang ein Ort für sie geschaffen worden ist. Zugehörigkeit bedeutet sich zu erinnern. Erinnere dich an deine Zugehörigkeit. Sich an das erste Zugehören zu erinnern ist das tiefste Erinnern der Großen Mutter. Alles erinnert an die Große Mutter. Jedes Ding tritt aus ihrem Körper in Erscheinung, wird von ihr geformt und genährt und erhält dann von allen anderen Dingen seine spezielle Gestalt. Tief im Anfang eines jeden Dings liegt eine Verehrung jenes ersten Genährtwerdens und eine Erinnerung an jenes erste Zugehören.

52. Leichte Harmonie

Alles hat einen gemeinsamen Anfang. Dieser Anfang wird Große Mutter genannt. Erinnere dich an sie, um ihre Kinder zu verstehen. Die Rückkehr zur Großen Mutter.

Auch durch unentwegtes Reisen wirst du nie außerhalb ihres Körpers gelangen; auch unentwegtes Denken wird dich nicht außerhalb ihrer Gedanken führen. Du brauchst nicht zu kämpfen. Mit deinem Körper vertraue ihrem Körper; mit deinen Gedanken vertraue ihren Gedanken. Du brauchst den Tod nicht zu fürchten.

Statt zu kämpfen, vertraue; statt zu sprechen, höre zu. Lasse zu, daß die Erfüllung sich aus sich selbst heraus entfaltet. Ermögliche es dem Denken und Handeln, zur rechten Zeit zu geschehen. Unglück läßt sich leicht produzieren.

Der Größte wird vom Geringsten gekannt, das Ende vom Anfang. Vertraue und erinnere dich. Lebe in leichter Harmonie in der Großen Mutter.

53. Die einfache Quelle

Das *Tao* ist so offensichtlich, daß man es leicht verfehlen kann; es ist so gewöhnlich, daß es schwer zu finden ist. Es ist die einfache Quelle, aus der Denker komplizierte Gedanken schaffen.

Die meisten Menschen sind so fasziniert von komplizierten Gedanken, so geblendet von der Kompliziertheit von Dingen, daß sie die Einfachheit der Dinge nicht zu finden vermögen. Die meisten Menschen denken zuviel und kämpfen zuviel.

Wer weiß, ob Denken oder Kämpfen zuerst existierte? Das Resultat bleibt sich in jedem Fall gleich. Menschen werden raffiniert und geschickt. Denker werden so hoch geehrt, daß jeder glaubt, jemand, der alles über alles wisse, wisse etwas über etwas. Probleme über Probleme werden entdeckt. Lösungen werden auf Lösungen gehäuft, bis alle in Lösungen fast ersticken und sich in deren Komplexität verlieren.

Alles, woran Menschen sich erinnern, ist die Schläue der Argumentationen, die Raffinesse der Konstruktionen, der Glanz von allem. Alle halten sich an die Experten, die die Orientierung verloren haben. Die Truhen sind leer, die Verantwortung für das Allgemeinwohl ist in Vergessenheit geraten, und die ehrwürdigen Kräfte des Himmels, des Wassers und der Erde werden mißbraucht.

Im *Tao* ist Raum genug für Denkende und Handelnde. Doch der *Weg* ist breit und eng, offensichtlich und verborgen, nachgiebig und unnachgiebig zugleich. Der Weg des *Tao* ist nicht definierbar. Erinnere dich an die Große Mutter, und ehre sie. Mäßige alles Denken durch Demut.

54. In der Welt sein

Das tief Verwurzelte wird lange leben. Inneres Verstehen wird lange in Erinnerung bleiben. Das lange Erinnerte wird die Welt beeinflussen.

Begreife das Herz der Dinge. Bemächtige dich der inneren Tiefe, bis sie tief innerlich verstanden ist. Öffne dich dem leeren inneren Zentrum. Bewege dich mit der Tiefe in die Tiefe. Lasse dich vom *Weg* der Großen Mutter geleiten. Sei besessen, um zu besitzen.

Lehre nur, was du im Herzen verstanden hast. Dann lehre von Herz zu Herz, und die Welt ist verändert.

Sei getrennt von der Welt, und die Welt wird in Teile aufgeteilt. Tritt in die Welt ein, sei in der Welt, sei die Welt, die die Welt vereint. Werde mit dem Herzen der Großen Mutter eins.

55. Die Beständigkeit im Denken

Finde die Beständigkeit im Denken, die dem Denken Beständigkeit gibt. Finde die Beständigkeit im Denken, die dem Denken das *Tao* gibt.

Zur Harmonie gehören Unterschiede; zur Beständigkeit gehören Widersprüchlichkeiten. Deshalb findet der Weise Leichtigkeit in der Mühe, Festigkeit im Nachgeben, Weisheit in der Torheit, Ganzheit in den Teilen, Möglichkeiten in Widrigkeiten.

Der Reisende glaubt an sein Ziel; der Suchende glaubt an die Suche; der Wanderer glaubt an das Wandern. Auch ohne Ziel glaubt der Gehende an die Schritte.

So glaubt der Weise an die Große Mutter und das *Tao*, welches ihr Wesen ist. Der Großen Mutter kann man nicht entfliehen, das *Tao* kann man nicht vermeiden.

56. Öffne dich sanft dem Wesen der Dinge

Was nicht Wort ist, kann nicht gesagt werden. Sprich, und du verfehlst es, doch schweige, und Verwirrung entsteht. Wie kann das Unsagbare gelehrt werden? Indem man die Leere schafft, in die hineinfließt, was sich in Worten nicht fassen läßt.

Es gibt keine richtigen Antworten; es gibt keine falschen Fragen. Alles Lehren ist Fragen. Nur Fragen sind gerechtfertigt. Nicht einmal Gewißheit ist sicher.

Gewißheit zieht Irrtum zwangsläufig nach sich. Schlauheit lädt Ent-Tun ein. Wissen ist eine Vortäuschung. Arroganz ist eine Erniedrigung anderer, eine Torheit, die die Einheit von allem im allumfassenden Geheimnis zerbricht.

Da es keine Gewißheit gibt, leere dich von Gewißheit, und lasse dich von Bescheidenheit erfüllen. Mäßige die Schlauheit. Vermeide Großartigkeit. Vereinfache das Komplizierte. Bringe das Niedrigste mit dem Höchsten zusammen. Kultivere Einssein, so daß Verstehen sich von selbst einstellt. Sage es, ohne es auszusprechen. Enthülle, ohne es zu zeigen.

Verstehe diese Dinge, und es wird keinen Unterschied zwischen Lehrer und Lernendem, zwischen Verstehen und Unwissenheit, zwischen ernst und spielerisch, zwischen Mühe und Leichtigkeit, zwischen Weisheit und Torheit geben. Stelle dich sanft auf das Wesen der Dinge ein, und lasse dich vom Geheimnis finden.

57. Großes Lernen

Stärke unterwirft, Macht bringt zum Schweigen, Kraft erobert, doch Menschen lassen sich nur überwinden, indem man sie sich selbst finden läßt.

Je mehr Vorschriften es gibt, um so größer ist der Widerstand. Je einleuchtender die Regeln, um so glänzender die Niederlage. Je mehr Kontrolle, um so merkwürdiger sind die Dinge, die geschehen. Wenn Unnötiges auferlegt wird, lernen Menschen törichte Dinge; das, was wichtig ist, geht im allgemeinen Kämpfen unter.

Der Weg des Weisen verliert sich nicht im Unnötigen. Was immer gewesen ist, wird genährt. Es herrscht Frieden, weil es die Menschen erfüllt, ihre Aufmerksamkeit auf sich selbst zu richten. Was sie lernen, bezeichnen sie als wichtig. Es besteht Harmonie, weil sie nicht von ihren Pflichten abgelenkt sind. Ohne Kampf findet großes Lernen statt.

58. Einfache Größe

Respektiere das *Tao*, und die Menschen werden gewöhnlich sein. Größe entsteht aus dem Gewöhnlichen. Weisheit wurzelt im Gewöhnlichen. Das *Tao* wird im Gewöhnlichen geübt. Das Ungewöhnliche erzeugt Probleme. Sei genial, und die Menschen werden verschlagen. Dann geht die Besonnenheit verloren und später die Kontrolle. Schließlich wird Täuschung geehrt, und Mißerfolg ist sicher.

Da das Gütige nicht ohne das Grausame gekannt werden kann, das Gute nicht ohne das Böse, das Ehrliche nicht ohne das Täuschende, kultiviert der Weise den ursprünglichen Anfang und kehrt zum Ursprung vor den Gegensätzen zurück.

Es scheint, als ob der Weise strikt und sanft zugleich wäre, nachgiebig und stark, scharfsinnig und beherrscht; doch tatsächlich ist er etwas anderes, etwas zutiefst Gewöhnliches.

Mit scharfen und klarem Geist sieh selbstlos das Wesen der Dinge. Kehre zum Gewöhnlichen zurück.

Bewege dich im Gleichgewicht, und die Menschen werden im Gleichgewicht folgen. Einfache Größe wird folgen.

59. Allumfassende Fürsorge, allumfassendes Zulassen

Läßt sich das komplizierte Wirken von Himmel und Erde verstehen? Wie tritt alles in Erscheinung, und wie vergeht alles wieder? Willst du das Unbegrenzte kennen, so sei frei vom Begrenzten. Demut ist ein weiser Anfang. Um verstehen zu können, sei frei von Gewißheit.

Fange an, indem du Ideale aufgibst. Wenn du dich um andere kümmerst, erlege dir Beschränkung auf. Wenn du vorgibst zu wissen, was korrekt und unkorrekt, richtig und falsch, gut und böse, gerecht und ungerecht ist, so kreist du nur um dich selbst. Tugend ist nur Tugend, wenn sie frei ist von Tugendhaftigkeit.

Aus Beschränkung entwickelt sich Selbstlosigkeit. Aus Selbstlosigkeit entsteht Gleichgewicht. Aus Gleichgewicht entwickelt sich Ganzheit. Aus Ganzheit entsteht tiefe Fürsorge.

Werde zur Großen Mutter, die alle hält und ehrt. Umarme die einander ergänzenden Gegensätze des Höchsten und des Geringsten, des einen und des anderen. Dann lasse dich von Ganzheit umarmen, und lasse dich von allumfassender Fürsorge, von allumfassendem Zulassen finden.

60. Tief in Fülle und Leere

Menschen, die anderen Menschen schaden, richten den größten Schaden auf der ganzen Welt an. Wenn alle meinen, der Dämon sei Unwissenheit, füllt jeder jeden mit Ideen. Jeder denkt. Torheit wird verdammt, und alle vertrauen darauf, daß sich Weisheit entwickeln wird.

Wenn Menschen mit Ideen angefüllt werden, so entsteht dadurch noch kein Verstehen; wenn man das Denken fördert, so entsteht dadurch noch keine Weisheit. Im Denken ist die Auflösung des Denkens bereits angelegt. Es ist verfehlt zu glauben, daß Lernen stets von Vorteil ist. Manche Menschen lernen mehr und erzeugen dadurch lediglich mehr Probleme; da sie dann weniger unwissend sind, ist ihre Torheit um so schwerwiegender. Deshalb lehrt der Weise diskret.

Weil ein Ding das andere definiert, lehrt der Weise sowohl Weisheit als auch Torheit. Wissen und Unwissenheit sind gleichermaßen aufschlußreich. Unwissenheit fördert das Lernen; Torheit fördert Weisheit. So veranschaulicht der Weise beispielhaft, was man sein und was man nicht sein sollte. Wie aber kann man dann den Weisen vom Narren unterscheiden?

Es ist schwierig genug, durch Denken zu verstehen, doch kann es ein Verstehen durch Nicht-Denken geben? Verstehen durch Nicht-Denken entsteht aus der Leere des *Tao*; da es aus der Leere kommt, ist es unfehlbar. Weisheit ohne Künstlichkeit erwächst aus der Fülle des *Tao*; da sie aus der Fülle stammt, ist sie unfehlbar. Irgendwo tief in Leere und Fülle liegen nie irrendes Verstehen und Weisheit.

61. Leer in das Verstehen eintreten

Verstehen erhebt sich nicht bis zu den hohen und erhabenen Bergen, sondern sinkt hinab zum großen, empfänglichen Meer. Abwärts verläuft der Weg, dem alle Flüsse des Verstehens folgen. Es ist der Weg der Weisheit der Großen Mutter.

Mit seiner Ruhe überwindet das Weibliche das Männliche. Suchen ist vergeblich ohne die empfängliche Ruhe des Lernens; Denken ist vergeblich ohne die empfängliche Ruhe des Verstehens. Suche und denke wie ein Mann, doch lerne und verstehe wie eine Frau. So wie das Suchen leert, um Lernen zu werden, leert das Denken, um Verstehen zu werden.

Suchen und Denken sind Ausdruck männlichen Erkundens; Lernen und Verstehen sind Ausdruck weiblichen Empfangens. Fülle dich mit dem Denken, doch leere dich, um in das Verstehen einzutreten. Kultiviere das Männliche, doch ehre das Weibliche.

Suche in den Bergen, doch lerne in den Tälern; denke in den Flüssen, doch verstehe im Meer.

62. Grenzenlose Beschränkung

Das *Tao* ist der Weg von allem. Es ist der Schatz der Weisen und die Zuflucht des Narren.

Beim Feiern und Beschenken schenke nicht äußeren Reichtum, sondern die Stille des *Tao*.

Warum wird das *Tao* über alles andere gepriesen? Weil Denken zu Leeren, Leeren zu Füllen und Füllen zu Finden führt. Weil es Mitgefühl für die Narren gibt, Fürsorge für die Unwissenden, Anleitung für die Suchenden, Ehre für die Weisen. Weil in der grenzenlosen Beschränkung des *Tao* Freiheit liegt.

63. Das Einfache ist nicht leicht

Denke ohne Aufmerksamkeit. Verstehe ohne Mühe. Suche nach Anfängen. Ehre das Einfache. Entdecke das reine Sosein der Dinge. Begegne den Härten der Welt mit liebevoller Fürsorge, Güte und Mitgefühl.

Finde das Einfache im Komplizierten. Gewinne aus kleinen Einsichten große Weisheit.

Verstehe das Schwierige, indem du mit dem Leichten beginnst. Löse große Probleme, wenn sie noch klein sind. So meistert der Weise das Große, indem er sich des Kleinen annimmt; er versteht das Komplizierte, indem er sich an das Einfache hält.

Doch das Einfache ist nicht leicht, und das Leichte ist nicht einfach. Wenn du denkst, alles sei leicht, dann wird alles schwierig; denkst du, alles sei schwierig, so wird alles leicht.

64. Vor dem Denken

Wenn ein Ende erreicht ist, beginnt ein Anfang. Verwirrung folgt Gewißheit. Antworten führen zu Fragen.

Auf eine erste Frage kann es keine letzte Antwort geben. Gib eine Antwort, und sie wird sich als falsch erweisen. Ein Ende ist immer ein Anfang. Finde die Antwort, die vor der ersten Frage existierte; finde das Verstehen, das vor dem ersten Gedanken da war.

Gedanken kreisen sich nur um das Denken. Denken führt zu Verwirrung. Verstehe, bevor das Denken das Verstehen verwirrt. Benutze Gedanken, um Verstehen zu erkennen.

Denke sorgsam vor dem Denken; dann denke ohne verwirrendes Denken. Verstehe vor dem Denken; dann denke ohne verwirrendes Verstehen.

Leere Denken und Gedanken, und kehre zum Anfang vor dem ersten Gedanken zurück. Weil leer von voll kommt und voll von leer, fülle dich mit Leeren.

Der Weise sammelt keine Wahrheiten, klammert sich nicht an Ideen, hat kein Verlangen zu verstehen. Der Weise denkt nichts, ist jedoch stets achtsam, weiß nichts, versteht jedoch immer, urteilt über nichts, unterscheidet jedoch unablässig.

65. Leicht atmen

Am Anfang, als die Menschen einfach und der Großen Mutter nah waren, wußten sie nichts vom *Tao*, weil sie mit dem *Tao* eins waren. Ohne Schlauheit waren sie tugendhaft, ohne Wissen waren sie weise. Doch es ist nicht leicht, einfach und tugendhaft zu bleiben. Wissen ist leichter zu finden als Weisheit; Schlauheit ist leichter zu finden als Tugend. Wissen ohne Weisheit und Schlauheit ohne Tugend sind der Anfang allen Unglücks.

Nach etwas zu suchen, das verlorengegangen ist, ist gefährlich; Schlauheit lehrt weitere Schlauheit, Wissen erzeugt weiteres Wissen. Ohne die Bescheidenheit des *Weges* gefährden Schlauheit und Wissen das einfache Gleichgewicht. Menschen mißachten die innere Tugend der Ding; sie kämpfen miteinander und führen Krieg gegen die Weisheit der Großen Mutter.

Gleichgewicht ist Tugend, eine Rückkehr zur primären Harmonie. Woran läßt sich dies erkennen? Wenn die Bauern gesunde Erde bearbeiten und die Erde großzügig ist; wenn die Luft und das Wasser rein sind, so daß Vögel und Fische sich darin wohlfühlen; wenn die Holzfäller für viele Generationen planen und die Zimmerleute gut abgelagertes Holz haben; wenn Menschen geboren werden und bis zu ihrem Tode natürlich altern; wenn nichts außergewöhnliches geschieht und die Menschen zufrieden sind. Tugend existiert, wenn das Höchste und das Niedrigste gleichermaßen geachtet werden; wenn der natürliche Lauf der Dinge geehrt wird und alles gewöhnlich ist; wenn die Große Mutter leicht zu atmen scheint.

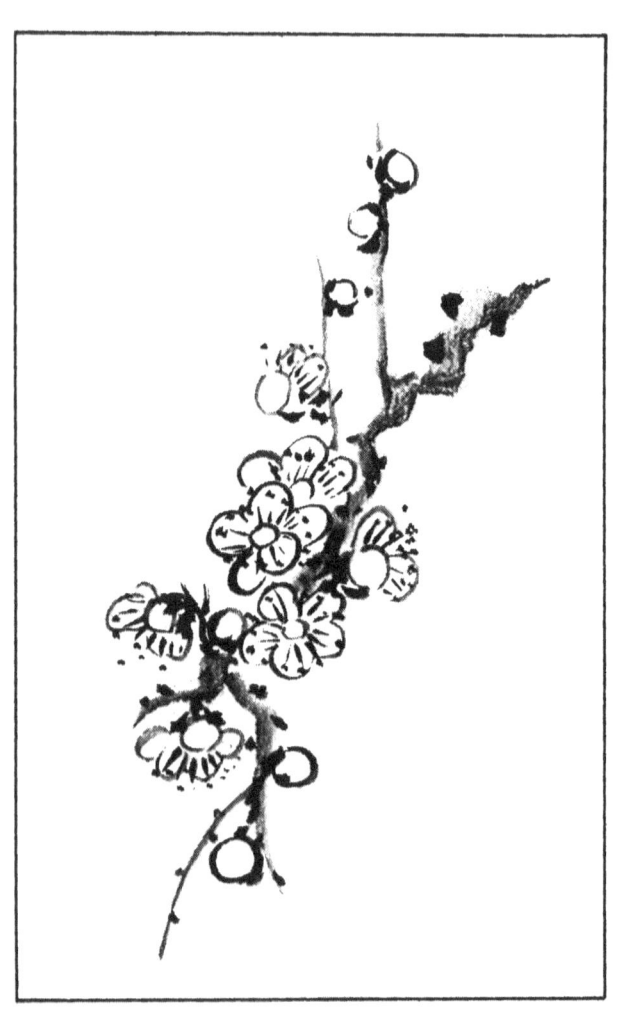

66. Über den hundert Flüssen

Das Meer steht über den hundert Flüssen, weil es sich unter ihnen befindet. Deshalb dient der Weise von unterhalb, er führt von unten und aus dem Hintergrund.
Weil der Weise demütig ist, werden die Menschen nicht unterdrückt.
Weil sie nicht unterdrückt werden, vertrauen sie.
Wenn der Weise mit niemandem kämpft, kann niemand mit ihm kämpfen.

67. Drei Schätze

Das *Tao* ist anders. Wenn es nicht anders gewesen wäre, hätte es nicht von Anfang an sein können. Weil es unbegreiflich ist, ist es groß und beständig.

Drei Schätze sollte man hüten: Mitgefühl, Mäßigung und Demut. Aus Mitgefühl erwächst Stärke, aus Mäßigung Großzügigkeit, aus Demut die Fähigkeit, andere zu führen.

Um stark zu sein, mußt du zuerst lernen nachgiebig zu sein; ohne Nachgiebigkeit kannst du keine Stärke entwickeln. Um freigiebig sein zu können, mußt du zunächst den Überfluß finden; ohne innere Ressourcen kann niemand etwas geben. Um führen zu können, mußt du zuerst lernen, wie man folgt; wenn du nicht zu folgen vermagst, wirst du niemals zu führen lernen.

Ohne die drei Schätze kann es keine anderen geben. Kehre zum Anfang zurück, umarme die drei, und empfange die Vielen.

68. Das Suchen in allen Menschen

Sei gewalttätig, und das Gleichgewicht geht verloren. Sei zornig, und die Intelligenz wird vergessen. Versuche zu erzwingen, und die Einheit zerbricht.

Sei im Umgang mit Menschen, wie wenn du mit der Großen Mutter eins bist. Sei nicht zielstrebig oder stolz.

Die beste Art zu führen, ist zu folgen; die beste Art zu lehren, ist zu dienen. Dies ist die Tugend des Nicht-Strebens, der Weg des sanften Umgangs mit anderen, des Führens von innen.

Da man Menschen nicht zum Denken bringen kann, wird das Denken zu den Menschen gebracht. Dränge Gedanken nicht gewaltsam auf, sondern biete sie sanft an, so daß das Suchen, das in allen Menschen ist, nicht gestört wird.

69. Ein Geheimnis in einem Geheimnis

Jeder Schritt führt ins Nirgendwo. Fortschritt führt nicht vorwärts. Rückzug ist unmöglich. Alles Erlernte erscheint nutzlos. Denken schwebt abwartend in Leere.

Alles ist eine Überraschung, die von nirgendwo kommt. Es ist sinnlos vorwegzunehmen. Selbst wenn man ständig sehr auf der Hut ist, bleibt alles, was geschieht, unerwartet. Selbst wenn der Geist scharf und klar ist, vermag er den *Weg* nicht zu finden.

In gewisser Weise ist jeder Gedanke ein Vorbereiten, ein Verstehen ohne Gewißheit, eine Bewegung ohne Wandel.

Wer vermag zu sagen, wie das *Tao* wirkt? Es ist ein Geheimnis in einem Geheimnis.

70. Mit weit geöffnetem Geist

In diesem Worten manifestiert sich ein Prinzip; in den Belangen der Menschen steckt ein System. Doch niemand scheint zu verstehen. Wer kann den *Weg* des *Tao* kennen? Vielleicht ist sein Anfang zu alt. Wer vermag zu erklären, was es ist oder wie es wirkt? Warum soll dies so schwierig sein, wenn das *Tao* nichts weiter ist als die Art, wie die Dinge sind? Vielleicht ist das Offensichtliche zu schwierig.

Aufgrund des *Tao* besteht Übereinstimmung zwischen dem Einen und den Vielen, dem Gleichen und dem Unterschiedlichen. Jeder Einklang ist ein Zeichen und ein Lehrer des *Weges*.

Doch lasse dich auch von jeder Disharmonie lehren. Blinde, deren Augen dunkel, deren Geist jedoch hell ist, werden zunächst durch Hindernisse geleitet.

Es gibt eine Art, sich in dieser Welt zu bewegen, ohne sich auf Gewißheiten zu stützen. Ein wenig zu verlieren hilft, ein wenig zu finden. Mit weit geöffnetem Geist und Antworten gegenüber verschlossen, erfühle den *Weg*.

71. Krummes Denken

Die alten Weisen sagten, es sei weise zu denken, daß Wissen Unwissenheit ist, jedoch töricht zu denken, daß Unwissenheit Wissen ist.

Denjenigen, die der Torheit müde sind, steht der Weg zur Weisheit offen. Weisheit beginnt, indem man Wissen gegenüber gleichgültig wird. Deshalb scheinen die krummen Gedanken der Weisen den verwirrten Gedanken des Narren zu gleichen.

Geradliniges Denken ist nützlich, doch das *Tao* selbst ist nicht geradlinig und läßt sich auch nicht begradigen. Widersprüchlichkeiten sind ihm wesenseigen. Paradoxe sind ihm immanent. Deshalb müssen Worte zwangsläufig verbogen und gekrümmt werden, und der Weise vermag keine simplen (geradlinigen) Antworten zu geben.

Menschen tun gern so, als seien Dinge geradlinig, damit sie geradlinig denken können. Sie möchten die Dinge gern klarstellen, geradeheraus sein, ihre Angelegenheiten ins Reine bringen. Doch Geradlinigkeit ist nur eine schnell verblassende Illusion. Ebenso wie eine lange Straße und der Meßstab sich schließlich krümmen müssen, ist es auch mit allem anderen. Selbst diese krummen Worte sind gekrümmt, damit sie die Gestalt der Krummheit annehmen.

So wandert der Weise auf einem gewundenen Pfad. Und Menschen, die glauben, die Dinge seien geradlinig, meinen, der Weise sei ziellos oder verwirrt. Doch der Weise lacht nur sein krummes Lachen und läßt die Menschen geradlinig denken.

72. Wenn das Denken entdacht ist

Aus Ehrfurcht entsteht Respekt. Aus Respekt entsteht Einschränkung. Ohne Einschränkung entsteht Unglück.
Ehrfurcht ist die Anerkennung von Demut. Wer versteht das Denken des Baumes, die Weisheit des Grases, die Geduld des Steins? Welcher Denker versteht sein eigenes Denken? Wie können Gedanken das Denken verstehen, wenn jeder Gedanke durch Gedanken neutralisiert werden kann, die das dem Denken eigene Denken hervorbringt?
Habe Ehrfurcht gegenüber dem Tun und Ent-Tun des Denkens. Wenn das Denken dann ent-dacht ist ... denke einfach.

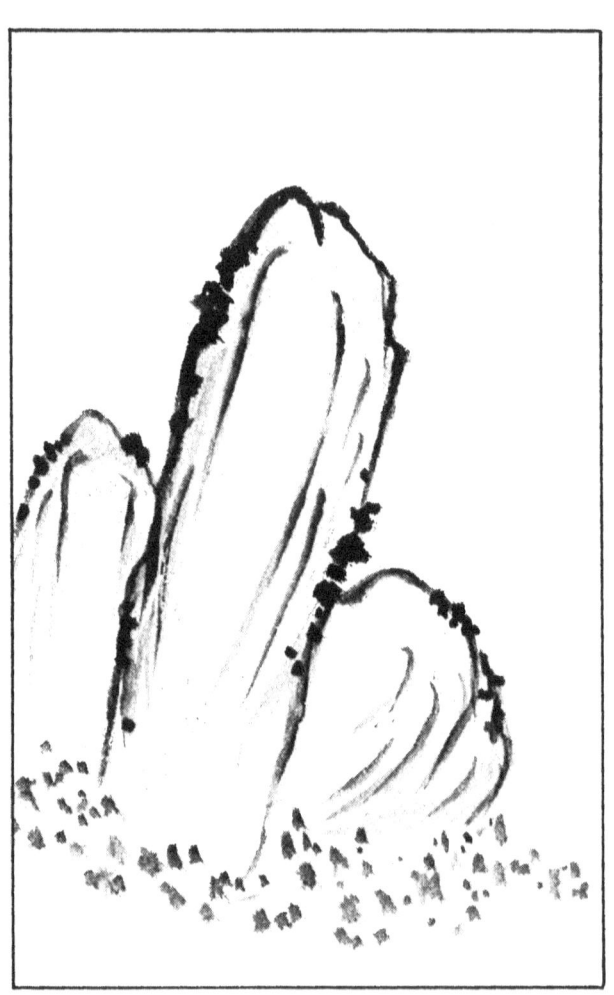

73. Durch Nicht-Tun

Sei furchtlos und leidenschaftlich, und es werden Verwirrung und dann Unglück entstehen. Sei furchtlos und ruhig, und es werden Klarheit und dann Einklang folgen. Der eine Weg wird begünstigt, der andere nicht. Doch niemand weiß warum.

Weil das *Tao* nicht kämpft, vermeiden diejenigen, die sich mit dem *Tao* bewegen, zu kämpfen. Für sie gibt es Geschehen, doch werden die Dinge nicht erzwungen; für sie gibt es Besitzen, doch werden die Dinge nicht besessen; es gibt Finden, doch werden die Dinge nicht gefunden.

Kämpfe, und du verfehlst es; erinnere, und es wird vergessen. Deshalb ist das *Tao* so schwer faßbar. Es lehrt durch Nicht-Tun. Es entzieht sich Fragen und entflieht Antworten. Es kontrolliert nichts, und doch ist nichts von ihm frei. Ohne Mitwirken des Geistes verhält es sich makellos.

74. Der Narr lehrt den Weisen, ohne es zu wissen

Wenn Menschen das Denken ehren, werden sie die Gefahren der Unwissenheit zu verstehen lernen. Wenn sie nicht denken, ist es sinnlos, sie auf Gefahren hinzuweisen. Wenn sie Narren sind, kann man sie nicht vor Torheit warnen.

Doch die Welt braucht die, die denken, und die, die nicht denken; sie braucht die Besorgten ebenso wie die Unbesorgten, die Weisen wie die Narren. Wenn es nur besorgte denkende Menschen gäbe, so würden sie sich so viele Sorgen machen, daß sie etwas Törichtes tun würden. Wenn es nur unbesorgte, nicht denkende Menschen gäbe, so würden diese ins Unglück stolpern. Tatsächlich ist es so, daß die Nachdenklichen damit beschäftigt sind, die Gedankenlosen zu lehren, und die Gedankenlosen damit beschäftigt sind, von den Nachdenklichen zu lernen. Und nur der Weise bleibt von alldem unberührt.

Wer weiß, was aus allen werden wird? Und wer weiß, was jeder einzelne ist? So lehrt der Weise alle und lernt von allen.

Außer dem Narren wissen alle, daß sie nicht wissen. Doch wer weiß, wann sie wissen? So kommt es, daß der Narr den Weisen lehrt, ohne es zu wissen.

75. Nur eine Frage

Warum sind Menschen unwissend? Weil ihre Fragen nicht beantwortet werden. Weil diejenigen, die wissen, ihr Wissen wie Reichtum horten und es wie Macht benutzen.

Weil die Wissenden so besorgt um Wissen sind, fangen die Nicht-Wissenden an, sich wegen ihrer Unwissenheit Sorgen zu machen. Wie kann Unwissenheit leichtgenommen werden, wenn Wissen so ernstgenommen wird?

Warum sind Menschen ruhelos? Weil jemand etwas hat, von dem sie wissen, daß sie selbst es nicht haben. Weil sie wissen, daß sie nicht wissen.

Narren kann man leicht beherrschen, doch Unwissende sind keine Narren. Wenn sie auch nur eine einzige Frage haben, fangen die Probleme an. Dann verbringen die Wissenden ihre gesamte Zeit mit dem Versuch, diejenigen zum Narren zu halten, die wissen wollen, und alle tun merkwürdige Dinge. So wie Flüsse abwärtsfließen müssen, müssen Fragen beantwortet werden.

Menschen, die nach Antworten suchen, folgen dem, was sie nicht wissen, und deshalb fühlen sie sich verwirrt und ruhelos. Menschen, die Antworten finden, folgen dem, was sie wissen, und deshalb sind sie erfüllt und zufrieden. So leitet der Weise durch Öffnen, nicht durch Verschließen, und er vertraut auf den Abwärtsstrom der Dinge.

76. Das Staunen des Anfangs

Menschen werden weich und geschmeidig geboren, doch wenn sie alt sind, werden sie hart und steif. Eine Pflanze voller Lebenskraft ist flexibel und nachgiebig, doch eine sterbende ist verdorrt und brüchig.

Die Jungen und Vitalen lernen, weil sie stets nachgiebig sind, immer auf den Anfang ausgerichtet.

Große alte Gelehrte, unter der Last ihres Wissens gebeugt, sind alte und vertrocknete Bäume, bereit für die Axt. Das Unbeugsame bricht schließlich; das Schwere und Verhärtete stirbt ab.

Mache das Schwere leichter und das Harte weich; mache das Steife geschmeidig. Kehre zum Staunen des Anfangs zurück.

77. Die Leere füllen und das Volle leeren

Wenn ein Bogen gespannt wird, wird die obere Spitze gesenkt und die untere erhoben. Das Wesen des *Tao* ist es, das Niedere zu erheben und das Hohe zu senken; wegzunehmen, wenn etwas zuviel ist, und zu geben, wenn irgendwo zu wenig ist.

Ein törichter Lehrer erniedrigt die Unwissenden, bis sie verstummen und sich geschlagen geben, und er rühmt die Wissenden, bis sie eingebildet und selbstgefällig sind.

Wenn der Weise lehrt, sind die, die wenig wissen, stolz auf das, was sie wissen, und diejenigen, die viel wissen, werden demütig, weil sie erkennen, was sie nicht wissen. Die Unwissenden wachsen durch das, was sie haben, und die Wissenden wachsen durch das, was sie nicht haben. So nährt der Weise, indem er das Leere füllt und das Volle leert, indem er den Unsicheren Sicherheit gibt und den Sicheren Unsicherheit. Aufgrund dessen, was die Unwissenden wissen, respektieren sie die Wissenden; aufgrund dessen, was die Wissenden nicht wissen, respektieren sie die Unwissenden.

Ohne Stolz und Demut arbeitet der Weise unerkannt und unbemerkt. Menschen wachsen und erfüllen sich selbst. Sie sagen, daß die Dinge sich gut entwickeln, und sie merken nicht einmal, daß sie sich im Einklang mit dem *Tao* bewegen.

78. Allen Gedanken am nächsten

Die Sanftheit und Nachgiebigkeit des Wassers überwältigt die Härte und Stärke des Steins. Wandel überwindet Unveränderlichkeit.

Formloses Wasser nimmt die Form von allem an. Unveränderliches Denken kann den Wandel aller Dinge nicht verstehen; kämpfendes Denken begreift die Nachgiebigkeit aller Dinge nicht.

Der Weise weiß weniger als jeder andere und ist deshalb am besten in der Lage, alle zu lehren. Nicht-Wissen ist somit am besten geeignet, alles zu lehren. Verwirrt durch alles, ist der Weise allem am nächsten; unfähig, an einem Gedanken festzuhalten, ist der Weise allen Gedanken am nächsten.

Zuerst erscheint Richtig als richtig. Nach sorgsamem Nachdenken erscheint Richtig als falsch. Schließlich erscheint alles sowohl als richtig als auch als falsch, gut und schlecht, wahr und falsch, Ja und Nein.

In der vollen Mitte lehrt der Weise, was gelehrt werden muß, nicht was gelehrt werden sollte.

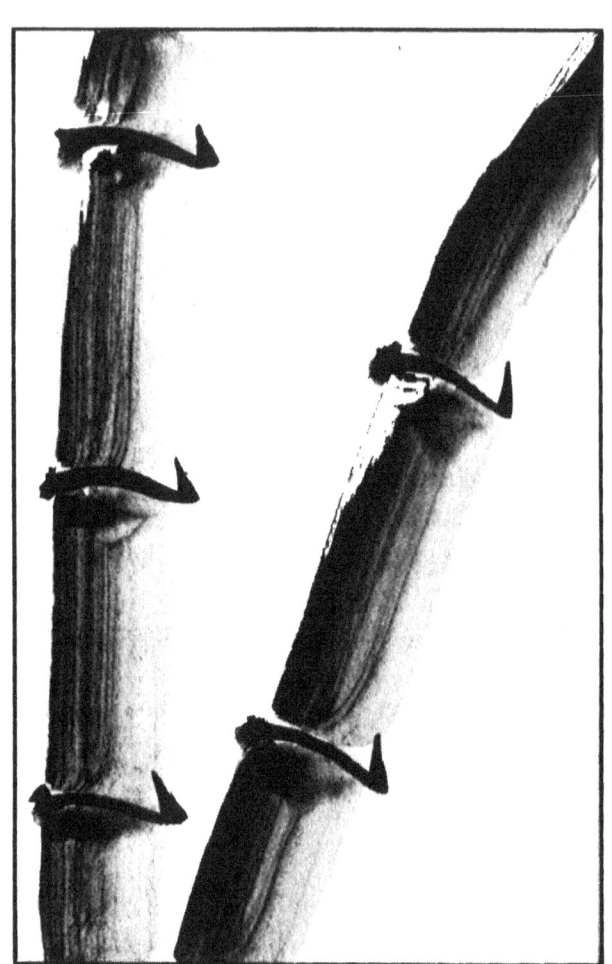

79. Die besten Meister

Erhebe dich über Unterschiede, und die Unterschiede verfestigen sich. Erhebe dich über Niedrigkeit, und sinke unter Unnahbarkeit. Gleiche Exzesse aus. Provoziere in Konflikten nicht die Beschuldigten. Das *Tao* is unparteiisch. Deshalb nimmt der Weise nichts persönlich. Sei in allen Dingen aufmerksam, aber auch unparteiisch.

Eine parteiische Haltung hält das Gehen davon ab, zu weit zu gehen, es hält das Nicht-Genug davon ab, zuviel zu werden, das Tun davon, zum Ent-Tun und das Geben davon, zum Nehmen zu werden. Diejenigen, die sich in Szene setzen, werden geprüft und angenommen werden; die Ersten werden die Letzten sein.

Kraft erzeugt Widerstand. Auf zuviel folgt zu wenig. Der Siegreiche wird besiegt werden. Tue nur, was erforderlich ist, und lasse im übrigen die Dinge sich selbst regeln. Kontrolliere, ohne zu kontrollieren.

Tiefste Tugend bleibt unbemerkt, weil sie mit dem *Tao* im Einklang ist. Am nützlichsten vermagst du zu sein, wenn du nichts tust und unbemerkt bleibst. Versuche zu kontrollieren, und Schwierigkeiten werden entstehen. Etwas erzwingen zu wollen führt letztlich zum Mißerfolg. Konfrontation schafft nur Gewinner und Verlierer. Mache Zugeständnisse, und das Zugestehen wird kein Ende haben; kämpfe, und das Kämpfen wird nicht enden.

Deshalb hält sich der Weise an das *Tao* und dient der inneren Tugend der Dinge. Die besten Meister sind Diener.

80. Ursprüngliche Einfachheit

Selbst Menschen sind in ursprünglicher Einfachheit verwurzelt. Ehre jene Einfachheit, und alle profitieren. Vergiß sie, und die Menschen gehen in die Irre.

Der Weise läßt sich von primärer Einfachheit leiten. Jeder Einzelne wird als eigenständiger Teil der Ganzheit respektiert und geehrt. Jeder einzelne Mensch ist des *Taos* eines Denken und des *Taos* eines Wirken.

Wenn Menschen durch den Weisen beeinflußt werden, bleiben sie in ihren Unterschieden verwurzelt, und sie sagen, daß sie sich selbst erfüllen. Wenn sie durch den Weisen verändert werden, kehren sie zu ihrer ursprünglichen Einfachheit zurück und sagen, daß sie sich selbst finden.

Die ursprüngliche Einfachheit, die tief in den Menschen verborgen liegt, ist kompliziert genug. Wenn Menschen komplizierter werden, sind sie in geringerem Maße in der Lage, sich selbst zu finden. Je weniger sie sich selbst zu finden vermögen, um so weniger Macht haben sie. Je weniger Macht sie haben, um so bedrohter fühlen sie sich und umso mehr kämpfen sie mit anderen.

Von der ursprünglichen Einfachheit abzuweichen ist der Anfang von Schwierigkeiten.

81. Nichts besonderes

Große Worte sind nicht von Bedeutung; das Bedeutungsvolle ist nicht großspurig. Diejenigen, die sich verteidigen, verstehen nicht; diejenigen, die verstehen, haben nichts zu verteidigen. Indem der Weise sich von Überzeugungen leert, bewegt er sich im Einklang mit dem Wesen der Dinge.

Statt sich mit Komplikationen zu füllen, leert der Weise sich von ihnen; statt sich zu erinnern, vergißt er; statt zu finden, verliert er.

Es gibt eine Art zu füllen, die leert. Alle Teile von allem entsprechen auf der Waagschale Nichts. Der Weise, der lehrt, gibt nur scheinbar; der Lernende, der versteht, füllt sich nur scheinbar. So stellen Menschen, die sich durch Lernen füllen, schließlich fest, daß sie leer sind. Wenn sie leer sind, finden sie sich in der Fülle und Einfachheit des Gewöhnlichen wieder.

Obgleich das *Tao* auf dem schmalen Grat des Gewöhnlichen zu finden ist, ist es weit und sicher; obgleich es weich und nachgiebig ist, ist es auch fest und verläßlich.

Das Gewöhnliche ist es, das außergewöhnlich ist. Um sich mit dem *Tao* zu bewegen, braucht man nichts besonderes zu tun. Um das *Tao* zu verstehen, braucht man nichts besonderes zu denken.

Literatur

Brand, St. (Hrsg.): The Next Whole Earth Catalog. New York: Point Random House, 1980.
Bynner, W.: The Way of Life According to Laotzu. New York: Capricorn Books, 1962.
Capra, F.: Der kosmische Reigen. Physik und östliche Mystik. München: Barth, 1977.
Feng, G., English, J.: Tao-te-king = Daodejing. Laotse. München: Hugendubel, 1989.
Grigg, R.: The Tao of Relationships. Atlanta, GA: Humanics New Age, 1988.
Heider, J.: Tao der Führung. Laotses Tao Te King für eine neue Zeit. München: Hugendubel, ^{4}1995.
Medhurst, Spurgeon: The Tao-Teh-King. Wheaton, IL: The Theosophical Publishing House, 1972.
Messing, R.: The Tao of Management. Atlanta, GA: Humanics New Age, 1988.
Schmidt, K.O.: Tao Te Ching (Laotse's Book of Life). Lakemont, GA: CSA Press, 1975.
Schwenk, T.: Das sensible Chaos. Strömendes Formenschaffen in Wasser und Luft. Stuttgart: Verlag Freies Geistesleben, ^{6}1984.
Vanden Broek, G. (Hrsg.): Less is More. The Art of Voluntary Poverty. New York: Harper & Row, 1978.
Waley, A.: The Way and it's Power. New York: Grove Press, 1958.
Watts, A., Al Chung-Liang Huang: Der Lauf des Wassers. Eine Einführung in den Taoismus. Frankfurt: Suhrkamp, 1982.
Wilhelm, R.: Laotse und der Taoismus. Stuttgart: Frommann-Holzboog, ^{2}1987.

www.ingramcontent.com/pod-product-compliance
Lightning Source LLC
Chambersburg PA
CBHW021917180426
43199CB00031B/136